生死學叢書

傅偉勳 主編

心靈治療

——信仰與精神醫學

佐佐木宏幹　佐佐木雄司
小田　晉　山折哲雄 著
李玲瑜 譯

東大圖書公司

國家圖書館出版品預行編目資料

心靈治療：信仰與精神醫學／佐佐木宏幹等著：李玲瑜譯.--初版.--臺北市：東大發行：三民總經銷，民86
面；　公分.--(生死學叢書)
ISBN 957-19-2118-1（平裝）

1. 宗教-醫療、衛生方面
2. 精神療法

210.16　　86007158

國際網路位址　http://sanmin.com.tw

©心靈治療——信仰與精神醫學

著作人　佐佐木宏幹　佐佐木雄司　小田晉　山折哲雄
譯著　李玲瑜
發行人　劉仲文
著作財產權人　東大圖書股份有限公司　臺北市復興北路三八六號
發行所　東大圖書股份有限公司
地址／臺北市復興北路三八六號
電話／五〇〇六六〇〇
郵撥／〇一〇七一七五——〇號
印刷所　東大圖書股份有限公司
總經銷　三民書局股份有限公司
門市部　復北店／臺北市復興北路三八六號
重南店／臺北市重慶南路一段六十一號
初版　中華民國八十六年六月
編號　E 41011
基本定價　貳元肆角
行政院新聞局登記證局版臺業字第〇一九七號

ISBN 957-19-2118-1（平裝）

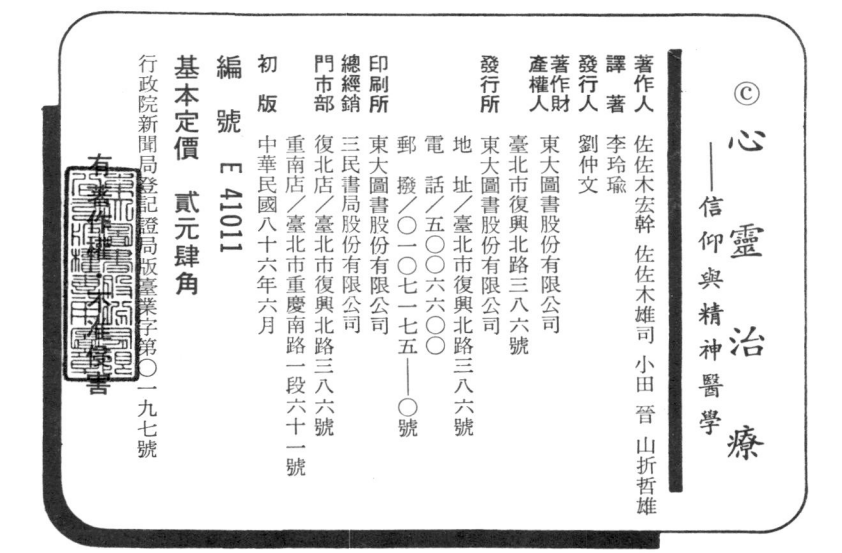

「生死學叢書」總序

兩年多前我根據剛患淋巴腺癌而險過生死大關的親身體驗，以及在敝校（美國費城州立天普大學宗教學系所講授死亡教育(death education)課程的十年教學經驗，出版了《死亡的尊嚴與生命的尊嚴——從臨終精神醫學到現代生死學》一書，經由老友楊國樞教授等名流學者的強力推介，與臺北各大報章雜誌的大事報導，無形中成為推動我國死亡學(thanatology)或生死學(life-and-death studies)探索暨死亡教育運動的催化「經典之作」（引報章語），榮獲《聯合報》「讀書人」該年度非文學類最佳書獎，而我自己也獲得「死亡學大師」（《中國時報》）、「生死學大師」（《金石堂月報》）之類的奇妙頭銜，令我受寵若驚。

拙著所引起的讀者興趣與社會關注，似乎象徵著，我國已從高度的經濟發展與物質生活的片面提高，轉進開創（超世俗的）精神文化的準備階段，而國人似乎也開始悟覺到，涉及死亡問題或生死問題的高度精神性甚至宗教性探索的重大生命意義。這未嘗不是令人感到可喜可賀的社會文化嶄新趨勢。

配合此一趨勢，由具有基督教背景的馬偕醫院以及安寧照顧基金會所帶頭的安寧照顧運動，有了較有規模的進一步發展，而具有佛教背景的慈濟醫院與國泰醫院也隨後開始鼓動臨終關懷的重視關注。我自己也前後應邀，在馬偕醫院、雙蓮教會、慈濟醫院、國泰集團籌備的臨終關懷基金會第一屆募款大會、臺大醫學院、成功大學醫學院等處，環繞著醫療體制暨醫學教育改革課題，作了多次專題主講，特別強調於此世紀之交，轉化救治(cure)本位的傳統醫療觀為關懷照顧(care)本位的新時代醫療觀的迫切性。

在高等學府方面，國樞兄與余德慧教授（《張老師月刊》總編輯）也在臺大響應我對生死學探索與死亡教育的提倡，首度合開一門生死學課程。據報紙所載，選課學生極其踴躍，居然爆滿，出乎我們意料之外，與我五年前在成大文學院講堂專講死亡問題時，十分鐘內三分之一左右的聽眾中途離席的情景相比，令我感受良深。臺大生死學開課成功的盛況，也觸發了成功大學等校開設此一課程的機緣，相信在不久的將來，會與宗教（學）教育、通識教育等等，共同形成在人文社會科學課程與研究不可或缺的熱門學科。

我個人的生死學探索已跳過上述拙著較有個體死亡學(individual thanatology)偏重意味的初步階段，進入了「生死學三部曲」的思維高階段。根據我的新近著想，廣義的生死學應該包括以下三項。第一項是面對人類共同命運的死之挑戰，表現愛之關懷的（我在此刻所要強調的）「共命死亡學」（destiny-shared thanatology），探索內容極為廣泛，至少包括（涉及自殺、死刑、安樂死等等）死亡問題的法律學、倫理學探討，醫療倫理（學）、醫院體制暨醫學教育改革課題探討，（具有我國本土特色的）臨終精神醫學暨精神治療發展課題之研究，老齡化社會的福利政策及公益事業，死者遺囑的心理調節與精神安慰，「死亡美學」、「死亡文學」以及「死亡藝術」的領域開拓，（涉及腦死、植物人狀態的）「死亡」定義探討，有關死亡現象與觀念以及（有關墓葬等）死亡風俗的文化人類學、比較民俗學、比較神話學、比較宗教學、比較哲學、社會學等種種探索進路，不勝枚舉。

第二項是環繞著死後生命或死後世界奧祕探索的種種進路，至少包括神話學、宗教（學）、文學藝術、（超）心理學、科學宇宙觀、民間宗教（學）、文化人類學、比較文化學，以及哲學考察等等的進路。此類不同進路當可構成具有新世紀科際整合意味的探索理路。近二十年來愈行愈盛的歐美「新時代」(New Age)宗教運動、日本新（興）宗教運動，乃至臺灣當前的種種民間宗教活動盛況等等，都顯示著，隨著世俗界生活水準的提高改善，人類對於死後生命或死後世界（不論有否）的好奇與探索興趣有增無減，我們在下一世紀或許能夠獲致較有「突破性」的探索成果出來。

第三項是以「愛」的表現貫穿「生」與「死」的生死學探索，即從「死亡學」（狹義的生死學）轉到「生命學」，面對死的挑戰，重新肯定每一單獨實存的生命尊嚴與價值意義，而以「愛」的教育幫助每一單獨實存建立健全有益的生死觀與生死智慧。為此，現代人的生死學探索應該包括古今中外的典範人物有關生死學與生死智慧的言行研究，具有生死學深度的文學藝術作品研究，「生死美學」、「生死文學」、「生死哲學」等等的領域開拓，對於「後傳統」(post-traditional)的「宗教」本質與意義的深層探討等等。我認為，通過此類生死學的種種探索，我們應可建立適應我國本土的新世紀「心性體認本位」生死觀與生死智慧出來，有待我們大家共同探索，彼此分享。

依照上面所列三大項現代生死學的探索，這套叢書將以引介歐美日等先進國家有關死亡學或生死學的有益書籍為主，亦可收入本國學者較有份量的有關著作。本來已有兩三家出版商請我籌劃生死學叢書，但我再三考慮之後，主動向東大圖書公司董事長劉振強先生提出我的企劃。振強兄是多年來的出版界好友，深信我的叢書企劃有益於我國精神文化的創新發展，就立即很慷慨地點頭同意，對此我衷心表示敬意。

我已決定正式加入行將開辦的佛光大學人文社會科學學院教授陣容。籌備校長龔鵬程教授屢次促我企劃，可以算是世界第一所的生死學研究所(Institute of Life-and-Death Studies)之設立。希望生死學研究所及其有關的未來學術書刊出版，與我主編的此套生死學叢書兩相配合，推動我國此岸本土以及海峽彼岸開創新世紀生死學的探索理路出來。

一九九五年九月二十四日傅偉勳序於
中央研究院文哲所(研究講座訪問期間)

「生死學叢書」出版說明

本叢書由傅偉勳教授於民國八十四年九月為本公司策劃，旨在譯介歐美日等國有關生死學的重要著作，以為國內研究之參考。傅教授從百餘種相關著作中，精挑二十餘種，內容涵蓋生死學各個層面，期望能提供最完整的生死學研究之參考。傅教授一生熱心學術，對推動國內的生死學研究風氣，更是不遺餘力，貢獻良多。不幸他竟於民國八十五年十月十五日遽爾謝世，未能親見本叢書之全部完成。茲值本書出版之際，謹在此表達我們對他無限的景仰與懷念。

東大圖書公司編輯部　謹啟

序文

「思考醫療與宗教協會」創立於昭和五十九年十二月；在此之前，日本醫學界不曾把屬於科學領域的醫學和宗教一同思考。

十年前日本醫學界開始研究「臨床死亡」，此後，不僅是研究會會員，舉凡醫生、護士以及其他醫護人員也都開始透過死亡來了解生命。

「醫療與宗教協會」是由全國重視宗教功能的醫生、護士、社工人員與佛教、基督教、神道等各派宗教家共同創立，他們期待以更寬廣的角度去思考生與死的問題。

本書中所蒐集的論文皆是以生死與宗教醫療的角度所寫成；在每個月的聚會中發表，我想這大概是日本最先以這類主題為文的出版品吧！相信此書將帶給一向對生命採取冷漠態度的醫學界以及和醫學界毫不相容的宗教界帶來一大衝擊，更期待透過此書提供日本醫學界一大新方向。

聖路加看護大學校長

日野原　重明

心靈治療

——信仰與精神醫學

目次

宗教、玄學與精神病理

小田晉

宗教與性

——坐禪與人類學

山折 哲雄

「治療」與「療傷」之間

——與民俗宗教之關聯

佐佐木　宏幹

序

筆者從事宗教人類學的研究已有二十餘年的時間。或許有很多人並不清楚什麼是宗教人類學，所以在此先做一簡單說明。一般人較為熟悉的文化人類學所研究的範圍包括了人類學中，有關於人類社會、文化、生活等部份。其中，特別針對宗教方面，以人類學觀點進行深入研究的領域，則稱之為「宗教人類學」。在第二次世界大戰之前，這門學問則是被稱為「宗教民族學」。若想要更深入研究宗教人類學，甚至更進而探訪包含日本在內的東南亞地域社會，則會發現當地的宗教家，均在社會中扮演著非常重要的角色。

但是，即使不須筆者多言，相信大家也都明白，在地域社會中最能夠令人深切感受到禍福體驗的現象，就是「病痛」。日漸老化的身體伴隨著病痛的惡化，最後終得慢慢步向死亡之路……。在面臨疾病和死亡等問題時，社會中的宗教家所扮演的角色也就愈顯重要了。因此，就此一觀點而言，宗教家和醫療人員，也就是宗教和醫療之間，其實有相當多重複的部份。

在此，筆者除了針對宗教方面的疾病治療行為，也就是宗教和醫療的密切關係作一重新審思之外，同時也對於民間的宗教職能者所進行的各種治病儀式做一具體報告。當然，更希望能有醫學專業人士，對於宗教與疾病的各項關聯，提出更多的指正與批評。

一、社會、文化現狀中的醫療與宗教

首先，請看下頁的圖。圖中分為未開化社會、民俗社會、現代文明社會等三個不同的社會、文化狀況，將各個社會中，醫療與宗教之間的關係加以圖樣化。

首先，(a)是指未開化社會。其實，人類學最近已經不使用「未開化社會」這個名詞，現在大多以「單純文化社會」或「無文字社會」加以替代。在此一社會當中，非常肯定「現世」的觀念，認為要把握現世生活是非常重要的。換句話說，也就是生存，特別是健康而快樂的活著可以說具有極為重要的價值和意義。因此，該社會對於病痛、不幸、戰亂等偏離「現今」的狀況感到非常的不安及恐懼。所以，為了及早恢復原有的狀態，常使用巫術等手段以達到平安的目的。

這種常被使用的巫術其實是和醫生的醫術屬於同一領域的。以美國的印第安民族或非洲的原住民的巫醫為例，這些巫醫不但扮演了巫師的角色，同時也兼具疾病治療者的功能。所以，醫術和巫術之間有許多重複交集的部份。而巫醫的存在也可以說是非常普遍且神聖的。

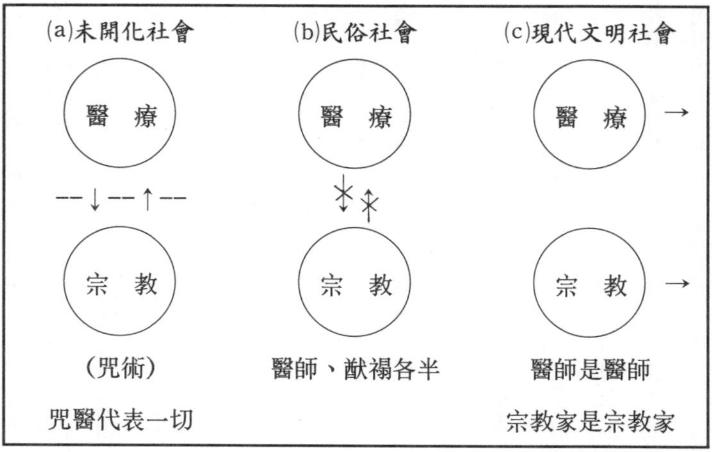

不過，在未開化社會中，醫療和宗教雖屬於同一範疇，其兩者之間還是略有不同（圖中以點線表示其區分），而兩者之間則是有相當的互動關係。

但是，相信大家都知道宗教性思考是起源於信仰靈魂的觀念。所謂信仰靈魂就是相信靈魂或精靈的存在，同時堅信有無數的靈魂充滿在我們的四周，給予我們人生軌道或陰或陽的影響。許多未開化民族的世界觀，都是以此一信仰靈魂的觀念為主要核心的。

現在的日本被公認為處於文明社會的頂極地位。但是，國外研究神靈信仰的學者卻認為日本人是非常信仰靈魂存在的民族。例如，在日本傳統的神道中，就有八百萬位神明的存在。而其中從微小的精靈開始，進而發展成具有自我人格的存在（神明），最後接受眾生膜拜的情形也是時有所聞。觀察我們周遭膜拜的對象，有水神、山神、太陽，即使連樹木也都是其中之一。所以對於八百萬位神明的信仰，其實也就是神靈信仰的觀念，依然存在於民間信仰之中。

此外，日本的民間信仰也認為過世者的靈魂會在經過和尚或其他宗教儀式的安葬之後，到另外一世界去。而在中元節時要點起迎接之火，迎接往生者的靈魂回家。在開鬼門的八月十三、十四、十五三天，好好的接受家人的款待。到了十六日，在家人點起送靈火之後，回到另一世界去。所以，日本這種古老的習俗，以及至今仍被佛教界視為大事的中元節，都在顯示日本人信仰靈魂的可動性，同時也說明靈魂是可以移動的存在。

但是，部份佛教信徒認為真正的印度佛教是沒有這些習俗和信仰的。的確，就事實及學術面而言，過去的印度佛教的確沒有記載。所以，中元節等節慶可以說是日本的神靈信仰觀念與宗教結合的結果。

諸如此類，未開化社會的宗教觀念在影響到佛教或其他宗教的思想或教義的例子層出不窮。總結這些事例，便可統稱為民俗宗教。

其次，在(b)的民俗社會中，醫療行為是與宗教互相分開的。在此所指的民俗社會主要是指介於未開化社會與文明社會之間的情況。日本雖是屬於文明社會，但正如前面所提，日本民眾的生活水準還遺留著相當濃厚的民間信仰、民俗宗教色彩。而所謂的民俗社會就是指此一類依然保留民間傳承文化的社會型態。

在民俗社會中，即使醫療行為和宗教互相有所區分，但是其間仍有一定的互動關係。而此一互動關係往往都是互相否定對方存在的情況，所以在前圖上的箭頭部份應該劃上×的記號才是。

「絕對不能去給醫生看，否則就完了。」或「那家醫院的風水不好，別去了。」十五、六年前，筆者在琉球進行調查時，就曾經看到許多離島居民因為延誤送醫而導致死亡的例子。其中一例便是因為信仰當地的「猷禑」（巫師）等民間宗教職能者，而發生不幸的結果。此一事例曾經受到《琉球時報》等地方媒體的報導而轟動一時。而在日本東北的某些地區，也曾經發生過類似事件。家人認為精神異常的老婆婆是由於狐仙附身的關係，所以不但沒有送醫救治，反而以為藉由拳打腳踢，便能夠趕走邪魔，但是最後竟然把老婆婆打死了。

當然，現在的社會大概已經看不到這樣無知的例子了。這樣的改變或許與宗教信仰者在廣義面上已經比較能夠接受近代疾病醫療行為的態度有關。但是仍然有許多的琉球人依舊信仰「猷禑」的重要性。即使是最先端的科學醫療，還是有無法治癒的部份。民俗社會的人們相信，心中的問題不是先端醫療行為可以治癒的，所以同時追求醫療行為與宗教信仰的傾向仍是非常強烈。

例如就奄美、琉球等地區而言，便有一「卡迷大里」症狀。筆者認為這是一種身心症，只不過即使患者正常就醫，仍是無法痊癒。反而是接受「猷禓」的作法，就馬上不藥而癒。「卡迷大里」可以說是一因地方風土文化所產生的精神異常疾病，所以像這類與風土文化相關的疾病，至今仍是「一邊找醫生、一邊找猷禓」。

或許有些人認為，這種情形只會存在於落後地區，只要文化發達了，就不再會有此情形出現。但是，筆者也曾經在大都會的東京看到類似「猷禓」等宗教職能者的活躍事跡。

第三項是(c)的現代文明社會，所代表的也正是高科技發達、擁有先進技術的大規模社會型態。在圖中的此一部份，醫療和宗教可以說是完全分開獨立的。而醫療是針對肉體的部份，宗教則是專注於精神或心靈的領域，各自分化扮演不同的角色與功能，兩者之間幾乎沒有任何互助互補的關係，也保持在沒有任何交集的狀態之中。

從表面上看來，日本社會從很早以前就維持著醫療與宗教毫無牽連的關係。簡單的說，也就是在「醫師是醫師、宗教家是宗教家」的大前提之下，進行科學的醫療活動。但是，近十年來，開始有許多人以為，即使住院接受各種治療，自己依然沒有受到悉心的照顧，病人只是醫院的試驗品，醫院的人員完全無法體會病人心中的苦痛。病人開始感到疑問、無所適從。而本學會也正是基於此一反省之下的成果。

二、醫療與宗教的疾病應對態度

正如前述，醫療和宗教原本有相當多的交集重複部份，到了現代文明社會之後，才互相分離開來，因此，也產生了「不顧及病人心情的醫療行為」等新的問題。

但是，突然將現代極為發達的醫療體系與基督教、佛教或日本神教等擁有悠久傳統的宗教互相結合，是無法真正解決問題的，筆者認為應該建立兩者相輔相成的關係，同時檢討其間必要的過程。其實，民俗宗教就是醫療和宗教之間互補關係的最佳表徵。因此，應該好好的檢討民俗宗教事例，藉由與近代醫學相互對比的過程，重新審視現代醫療與宗教的關係。而接下來的表格就是其二者的對比關係。此表格採自於東北大學大橋英壽教授的〈沖繩的巫師文化與信仰治療〉論文，為了讓此一表格也能夠適用於東南亞及日本本土，因此做了某些程度上的修改。

首先，就「與世界觀的關係」進行雙方的比較。在此所指的世界觀是指對世界或對人的想法及認識。例如從小就聽信「死後靈魂會往那座山去」的傳說，長大之後自然而然就會認為「以前死去的靈魂都聚集在那座山上，所以那座山應該是非常重要的一座山」。這種世界

	近代醫學	民俗宗教
與世界觀的關係	非連續性的	連續性的
病因的說明	自然的	超自然的
	HOW	WHY
	具有機能性的	具有歷史性的
治療時	以設施為中心	以地區為中心
	與親屬隔離	有親屬的關心
治療方法	身體取向	心靈取向
	技術性的	意義性的
	除去病症	修復關係

針對疾病時，近代醫學與民俗宗教的互相比較

（參考：大橋英壽〈沖繩的巫師文化與信仰治療〉，1983）

觀大都是存在於一般的民俗社會，而在現代大都會中，已然支離破碎，不復存在。

在此，就疾病與世界觀之間的關係做一比較。筆者現在正著手調查的事例，是在長崎縣五島列島之一的福江島附近，有一種名為「風邪」的疾病。每當有人從海邊或山上回來之後，受到某種惡寒，身體出現不斷顫抖的現象時，當地的人都說是「受到風邪了」，或「得了風邪病了」。而該地區的人認為得了風邪病看醫生是沒有用的，最好就是去看「郝尼」。這所謂的「郝尼」其實就是民俗宗教中所指的巫師。但是，非常令人不可思議的是，得了風邪病的人接受「郝尼」的治療之後，往往兩三天就能夠痊癒。若是送到縣立醫院，即使接受各種檢查，不但查不出任何原因，而且還無法治癒。

諸如此類，從外界看來是非常迷信的行為，事實上只要接受當地區域社會中的宗教治療就能夠馬上痊癒的例子，可以說是非常的多。由此可見，民俗宗教仍存在於現代社會之中。

接下來，就「病因的說明」一項，做一比較。

在近代醫學中，經常會聽到：「胃的這個部份呈現這樣的狀態」或「血管中膽固醇堆積的結果……」之類的病情解釋，就意義上來說，這樣的解釋非常自然，同時對於導致病情的成因(How)有著清楚的說明，但是如果問到「為什麼」(Why)會造成這樣的疾病，只怕科學上雖可舉出無數的原因，卻無法做概括的說明。

但是，在民俗宗教中，如果有婦人生病了，往往先會想到是否曾經流產，有嬰靈相纏；或是從事有關漁業的人生病了，就會想到是撒網捕魚的緣故，導致生靈纏身……等等，對於疾病原因賦予超自然的意義，而就這些地域的世界觀，針對疾病的原因(Why)做根源性的說明。此外，這些疾病原因的說明還會加上「你家幾代以前，有這樣的人，所以因果……」等等，追溯以往歷史的觀念。簡單的說，就是對於某項精神、身體的異常，和該地域的文化習俗互相連結，賦予疾病的意義及原因的說明。

提到這一點，或許有很多讀者會想起最近以東京地區為中心，非常盛行的新興宗教。這些新興宗教團體的傳教人士在治療疾病或幫助體弱多病的人恢復健康時，往往會提到病人與祖先的關係。這同時也顯示了即使在大都會的東京，仍有許多民眾受到「祖先觀念」的影響。

而表中的「治療時」一項，更明顯的可以看出民俗宗教與現代醫學的不同之處。

但是，前幾天筆者在電視上看到某項調查結果，感到非常有意思。針對「如果被醫生宣告不治時，會選擇在醫院度過人生最後的時間，還是會選擇回家呢？」一問，結果有絕大多數的人會選擇回家去。這也正證明了大多數的日本人還是希望能夠在有祖先牌位或神位的看護，以及家人環繞的環境之下面對人生最後時光。

而最後要提到「治療方法」一項。這一項也可以從表中的比較，得到相當明白的結果。舉例來說，「你的胃有部份不太好，必須切除，如果三年內不復發的話，就無大礙了。」這是典型的近代醫學治療方法。然而，民俗宗教卻非如此，往往會附加上部份意義：「你雖然讓醫生幫你切除了身體上不好的部份，但是心靈上卻佈滿了塵埃。如果不清除心靈上的塵埃，你的病是無法根治的，所以要信仰弘法大師，虔誠的信仰，接受大師神力的幫助才是根本之道。」

除此之外，民俗宗教還會賦予其他意義，將所有事物與其世界觀或宗教觀的關係互相連結，再以修復此一關係為由，進行所謂的治療活動。

但是，這些治療活動並非就絕對地分為醫生和宗教者兩方。例如，在新加坡附近，就常有醫學博士和當地社會的宗教者互相合作，著手進行治療活動的例子。有位病人因為膽囊癌向民俗宗教治療求助，而宗教治療者旋即勸病人接受醫院的手術治療。但是病人本身由於已經七十高齡，擔心手術結果不佳，而宗教治療者即保證，手術當天會到病人身邊祈福，守護病人的安全。

而在手術當天，宗教者在病房中陪伴病人，直到麻醉的前一刻，同時告訴病人安心接受手術治療。隨後，病人手術完畢醒來之際，宗教者又安慰病人，手術成功，祈福結果也相當順利，再將醫生所開出的藥方和香灰混合，讓病人一起喝下，讓病人感到安心。簡單的說，將藥物及香灰混合，是一結合醫學及宗教信仰力量的儀式，而在一旁觀看的病人，自然會有信服感。

諸如此類的例子在日本也時有所聞。將醫生所開出的藥物用繪有南無阿彌陀佛的薄紙包好，再一起吞下去，就會有很好的療效……等等，或許有些人認為這樣的傳說只不過是某種心理上的暗示而已，的確如此，但是如果能夠藉由這樣的方法，使得病人不再害怕就醫，甚至能夠更有自信地接受醫生的診斷，那又何嘗不可呢？東京大學名譽教授同時也是法國文學研究家的杉捷夫先生，過去由於胃病接受手術治療之際，常會有胃部劇痛的現象，連醫生也束手無策。但是只要篤信觀音的太太在身旁念誦觀音經，疼痛馬上就消失了，而只要一停止誦經，疼痛卻又立即出現（請參照日本《朝日新聞》「余白之語」）。因此筆者認為，對於宗教治療的成效和醫學治療的關係，更值得大家重新審視才是。

三、乩童的治病儀式

接下來，則進入較為具體性的問題。

在日文中，所謂的華人通常是指舊華僑的總稱。以往，為了尋找工作及財富，不遠千里到馬來西亞、菲律賓、新加坡、印尼等東南亞各地的中國人，大約有一千八百萬至兩千萬人之多。這些遠至海外的中國人非常勤勉、努力，逐漸在經濟上嶄露頭角，成為東南亞各國的經濟中心。然而在背後支持這些華人努力不懈、得到成功的原動力，可以說是從中國帶來的傳統宗教。而在這些傳統宗教中，扮演最重要角色的就是乩童了。所謂的乩童，就是指能夠藉由神靈附身，和神明或靈魂直接交談或溝通的靈異人士。

敘述的更具體一點，乩童膜拜自己所信仰的神明金身肖像，經過膜拜之後，肖像中所隱藏的神明靈魂便會進入乩童體內，這時乩童會呈現出面色漲紅的狀態，身體不自主的左右搖擺晃動。神明和乩童便合而為一，成為一體。筆者認為或許這種現象也算是巫術的一種。呈現人神合一的狀態之後，乩童便成為神明的代言人，乩童本身會發揮出許多超越人類極限的力量。其中，便可舉行治病儀式，當儀式結束之後，「神明」便會忽然倒地，經過一段時間的顫抖、抽搐之後，周遭的人潑以冷水，「神明」便會恢復「人」的身分。

這種乩童的治病儀式，可分成診斷及收驚驅邪兩大部份。在這兩部份的儀式中，乩童都會以前述的方法先讓神明附身，隨後在自己成為神明之後，再進行治病的儀式。在診斷的儀式中，首先會針對病患的疾病及是否應接受手術治療等問題，說出神明的意見。大部分來訪的病患都是經過醫生診斷應該要手術治療的情形，針對這樣的病患，乩童大都不會否定手術的必要性，只是表明「最好相信醫生的診斷。」

這時，如果病患提出有朋友到A醫院接受治療卻了無成效，而到了B醫院就痊癒了，到底自己應該到哪一家醫院接受治療……等的問題，乩童通常會基於既定事實所獲得的判斷，提出到B醫院比較好的結論。雖然這原本可能只是由既定知識所得到的判斷，但是就病患而言，這是「神明」的指示，具有絕對的權威性。對於原本心中猶豫不安的病患來說，自己衷心信仰的神明所給予的指點，當然具有極大的意義。心中的不安和恐懼，自然也就一掃而空了。

不管病患症狀的輕重，基本上乩童都會舉行收驚驅邪儀式。其方法過程如下：

㈠點燃香後，在身體或患部周圍環繞幾圈。

㈡用紅筆在紙錢或綠符、黃符上，寫下神語，做成符咒，經過焚燒後，將其香灰和醫生所開出的藥方一起喝下。——象徵神明和醫生的力量結合為一，會在身體中一起發生效益。

㈢用香在醫院拿回來的藥物上環繞，誦念咒文，加以聖化。

㈣病患到醫院接受手術之際，乩童到醫院為病患祈福守護。

㈤對於病狀較輕的病人，有時給予中藥治療。

由此可見，乩童並不否定醫學的治療，相對於醫生就生理上的治療，乩童則是在心理及精神層面，給予加強的效果，讓醫療的成效能更為顯著。

四、近代醫療與宗教家的關係

然而，日本國內各地的民俗宗教家又是如何進行具體的治療活動呢？而對於近代醫療的因應態度又是如何呢？在此，筆者想透過前面曾經提到長崎縣五島列島上，通稱「郝尼」的事例來做一說明。

福江市內頗有名氣的某位女性「郝尼」表示，通常來尋求協助的病患可以分為三種，第一種是只要身體有異常現象，馬上就來尋求協助。第二種是一邊看醫生，一邊接受民俗宗教的治療。第三種則是看過醫生，得不到效果後，再尋求民俗治療。

而治病儀式開始之時，這位「郝尼」便和病患一起面向弘法大師像，請求告知真正的病因。過了一段時間之後，該病因就會出現在「郝尼」五官或身形之上。

舉例來說，在有關因緣果報的疾病當中，若是起源於詛咒、犯沖、附身等原因，則造成其病因的冤親債主（死去的靈魂、祖先的靈魂、詛咒等），就會具體的呈現出來。此時，再參考醫師的診斷，藉由大師的力量，將造成病因的因緣除去。此外，通稱「風邪」之類等暫時性的精神或身體異常疾病發生之際，雖然歸咎於海洋或山神等自然力量的因素，但是其實際的情形卻是很難定論的，然而只要誦詠「南無大師遍照金剛」的法號，再以佛珠擦過全身之後便可痊癒。有時甚至只要將口水吐滿全身，也可達到一樣的療效。

此外，雖然一般的疾病通常都與超自然的因素或外力等毫無關聯，但是在醫院接受治療之後，只要再接受祈福驅邪，以慈悲心祈求等待，便能夠早日恢復健康。簡單的說，對於人類疾病的處治，針對不健康的部份對症下藥固然重要，但是光只有生理上的治療卻是不夠的。對於心靈培養影響極深的「文化」，也應是治療的重點之一。不論生與死的問題，人類都和其自身的「世界觀」有著密不可分的關係。

總結以上的內容，筆者認為和尚或神父、牧師等宗教家最好也同時具有醫師的知識，而醫師本身最好也抱持著某種宗教信仰，可以說是最理想的治療狀態了。

但是，在現今分工極細、各項知識都已專業化的社會中，要實行上述的理想狀態可能非常困難。但是，醫學與宗教信仰的互相協助、互相結合卻是非常必要的。至少，宗教家應該在精神層面上，多發揮穩定、安撫的功能。然而，反觀現在的日本，一個社會中同時存在著許多種類的宗教信仰，醫師與病患的世界觀、宗教觀可能大不相同，因而民俗宗教等信仰治療也面臨了許多的難題。

所以，在現今的社會當中，醫師應該先將病患的病情加以分級，然後利用各級層次的諮詢知識，對病患的精神層面加以安撫，進一步接受醫學治療才是。事實上，現在大家所使用的「醫院」一詞，原本是指基督教會所附屬的療養機構，而「修女」也兼具了護士及女修道士的意義。在佛教的「寺」則是指病患休息之處，而古文書記載中，更明示了「僧醫」、「看護比丘」之詞。因此，筆者認為這一方面的事實，非常值得現代社會重新加以重視及研究。

（駒澤大學教授）

「宗教」與精神衛生

佐佐木　雄司

序

首先在此就「『宗教』與精神衛生」為題做一說明。標題中出現了精神衛生一詞，在目次中更使用了「『信仰』與精神衛生」為大標題，而本文當中還不斷的出現精神科醫療以及精神醫學一詞。就筆者本身而言，在使用這幾個名詞時，已做了相當嚴格的區分。

雖然標題橫跨了醫療與宗教兩大領域，但由於筆者並非宗教學者，在此所提之宗教，僅就民間信仰的範圍進行討論。

首先，就A小姐的例子做一說明。

＊A小姐　三十歲

筆者第一次見到A小姐，是在琉球居住了四年八個月後回到東京的一九八一年底。A小姐未婚年約三十歲，具有從事繪圖設計工作的優雅特質，是一位兼具感性與智慧的女性。她長期隸屬於一個以供奉先祖為中心思想的小型宗教團體。

但是，A小姐在認識筆者的三年前，由於受到母親極力勸說而加入一新的宗教團體，同時為之著迷。此一宗教團體主要是利用大鼓進行非常激烈的禱告儀式。A小姐慢慢開始有些奇怪的想法：她覺得別人都會按照自己所希望的模式行動、可以縮小自己進入別人的身體裡面、甚至自己能夠變成一陣風，吹遍世界各地……等等，A小姐也因此感到意氣飛揚。若要稱這種感覺是神秘不可預知的，或許有些誇張，但是A小姐的確開始以為自己無所不能。這種意氣風發的狀態持續了一陣子之後，A小姐開始陷入一種不安的情緒。在不安的情況之下，她開始覺得自己的行動受人操縱，心志似乎也已經受制於他人。當時正好又發生了日本航空機長的空難事件，A小姐更誤以為那是自己的過失，情緒也就更加不安定。於是A小姐開始認為自己具有靈異能力，同時也感到害怕和恐懼，所以希望筆者能夠幫助她回到現實的世界。

正好當時筆者剛由琉球回到東京，凡事很容易就和琉球聯想在一起。筆者以為，如果A小姐生長在琉球，相信她一定具有崇高的宗教地位，甚至會被認為真的具有通靈或靈異的能力。在琉球也經常發生一些分不清現實與靈異世界，或自認為必須在二者間擇一而生的事例。筆者有一回到東京就遇到類似的事件，在當時留下非常深刻的印象。所以便以A小姐的事例做為探討問題的引子。

而在探討此類型問題之際，大致可以分為概論性立場及個人性立場來進行討論。或者還可分為學術性及實踐、實證性的角度進行研究。綜合各種不同層面而言，則有四種研究的立場。

概論性　學術性

個人性　實踐、實證性

由於不善於研究各種文獻資料及理論，所以筆者一直採取較偏於實踐、實證性的立場，只專注於一般所聽聞的問題。因此，本文的探討立場是採取上表粗線部份的個人性、實踐實證性立場。

常會有人問到靈魂的存在問題。其實，筆者本身儘量不去思考這一方面的問題，當然也不會否認靈魂的存在。不過，筆者倒是認為，並不一定要以靈魂存在的角度，才能解釋許多現象。

此外，筆者本身也不太使用「暗示」一詞。現在社會上常有人以受到暗示來解釋所有的行動，實令人無法苟同。而「催眠」一詞也是一樣。筆者較為主張眼見為憑，直接就所發生的事實和現象進行研究，而不加任何推論，最好也不要對所發生的現象擅自加以猜測或說明。

一、「信仰」與精神衛生

要討論「信仰」與精神衛生的問題，首先必須從精神衛生領域的觀點，來考慮以下兩大層面，第一，就是與「精神科醫療」相關等問題。第二，便是愈來愈受到重視的第一線治療——也就是「公眾衛生」的問題。這兩大層面與本議題的關係可以說是息息相關、密不可分。此外，就其他的觀點來看，有關精神衛生的問題中，「信仰」本身同時扮演正面與負面的角色。接下來就以信仰本身的正負面效應為中心，做一簡單說明。

(一)正面效應

＊「治療」的效應——B小姐　二十二歲

B小姐是琉球人，婚後不久就產下一對雙胞胎。但是，產後兩星期左右，不小心在睡覺時悶死了其中一個雙胞胎。B小姐在自責及婆婆親戚的非難之下，甚至多次萌生自殺的念頭。最後，B小姐和婆婆只好求助於「猷禓」（音譯），希望能夠有所幫助。所謂「猷禓」便是奄美琉球地區巫師的通稱，和日本東北的「伊達叩」齊名，為日本現存最具代表性的巫師之一。

透過「猷禓」的媒介，被悶死的雙胞胎之一便出來與母親對話，死去的嬰靈表示非常感謝母親，由於本來可能遭到流產的命運，但是母親卻竭盡力量生下自己，不但取了名字，還能夠受到父母親的疼愛，對於這一切已經感到十分滿足。聽到這一番話B小姐的自責總算得到舒解，而婆婆的態度也因此而稍有緩和。

在短時間之內能夠順利化解人生的危機，姑且不論其結果好壞，至少在精神科醫療中是很少見的。而信仰卻是在此一個案中扮演了有效治療的角色。

＊周遭的支持——C先生　三十六歲

接下來的個案也是筆者回到東京之後遇到的，如果一定要加以醫學診斷，或許可以稱為祈禱性精神病。

C先生於四、五年前加入某一基督教教會，成為一虔誠的教徒。不但非常勤於做禮拜，同時也全心研究《聖經》。不久，C先生便覺得自己已經變成神，並且具有很大的能力。他開始計劃到瑞典，並將自己的家當變賣，全數奉獻給教會，最後一個人獨居在父親購置的公寓中。筆者和護士一起去看他的時候，發現他家徒四壁，所有能變賣的東西，就連坐墊、棉被也都已經全部變賣了。

變賣家產奉獻教會的舉止倒還令人能夠理解，但之後C先生的行為就無法解釋了。C先生變賣家產之後，不管是去買東西或餐廳吃飯，全部都簽教會的帳。C先生的父親也覺得很頭痛，決定給予適當的醫療。當時，教會的牧師及其他的教友都非常熱心，也為了討論治療方法多次聚會。就基督教的立場來說，C先生所說的話完全不合邏輯、支離破碎，但是教會方面卻以無比的耐心及愛心傾聽，再從其中找出治療的方法。經過了半年左右的細心照顧，加上教會各教友的幫助，C先生總算恢復正常。如果這段時間當中沒有大家的支持，只怕早就不知道要發生什麼樣的事故了。

在筆者診斷此一類型的病患時，通常都會先對其信教的動機，還有其為宗教狂熱的理由進行了解。這可以說是發覺問題的第一步。在掌握了病患的狀況之後，進一步考慮採取何種治療方法，到底是要全面否定病患的說法，還是要針對病患的基本個性進行治療，都必須按照病患信仰的程度加以考量。

＊偏見的防波堤

筆者在琉球曾看過這樣的例子。琉球地區有個專用名詞「卡迷大里」（音譯）。這個字很難加以明確定義，大致上只要是有關宗教信仰的任何症狀，要由「猷禓」或類似的角色加以診斷時，均統稱為「卡迷大里症候群」。就狹義的面來說，不只是單純的「卡迷大里」（犯神忌或沖到）而已，有時候即使連精神分裂症也會被認為是「卡迷大里」的現象之一。

如果在東京發病可能會被當作是精神分裂症的病人，在琉球可能只會被認為是「卡迷大里」的現象而已。所以，病人也就不會受周遭異樣的眼光。有了「卡迷大里」的症狀，頂多也只是住院而已，出院後仍可以繼續過正常的生活，一般人也能夠很坦然的接受他們。因而有很多人拜「卡迷大里」之賜，而不必受到社會上的偏見所害。

而在八丈島的「米叩欸」一詞也有類似的效果。只是，如果宗教信仰只有這些正面的效應就好了。然而，就精神衛生的立場來說，宗教信仰本身卻仍存有許多負面效應，這才是真正不得不重視的議題。

(二)負面效應

*阻礙醫療——D媽媽 五十三歲

首先來看一個非常糟糕的例子。大約在十年前，D媽媽兩個女兒中的小女兒得了精神分裂症，小女兒發病初期便無法上班。D媽媽以為女兒是狐仙附身，開始使用各種驅邪方法，看起來好像略有起色，後來又以為是狐狸附身，又開始採用激烈的驅狸儀式。

剛好在那年的梅雨季時，D媽媽把十九歲的小女兒脫光衣服，綁在房間的柱子上，關閉所有的門窗，還認為要把頭髮剃光，邪靈才能夠從頭頂跑出來。同時，D媽媽還以為，如果給小女兒吃東西，她肚子裡邪魔也會吸收養分，反而會更賴著不出來，所以便三天三夜不給小女兒任何食物和水。但是小女兒最後終於不支死亡。

其實，信仰和迷信只是一線之隔，無法明確地定義其中間的區隔。雖然此一例子可以說是非常極端的情形，不過，信仰成為阻礙醫療的原因卻是時有所聞，絕對不容忽視的。前幾年曾經有某一宗教信徒拒絕輸血致死的例子，也是信仰阻礙醫療的最好實例。

＊發病～惡化的原因之一——E小姐　十七歲

E小姐從高二開始就得了失眠症，每天都無法睡著，導致神經緊張、精神萎靡不振。由於接受醫生治療後情形也不見改善，E小姐便在母親的強行勸說下加入某一新興宗教團體，並且非常著迷。E小姐每天不斷熱烈的誦經，慢慢的進入神靈附身的狀態，最後更宣稱自己是豐臣秀吉。E小姐大概是受到當時電視劇的影響，所以才會認為自己就是豐臣秀吉。總之，E小姐除了失眠之外，變得更加奇怪。任何人都無法使她脫離該宗教團體，即使稍有離開，E小姐的母親也馬上將她送回去。E小姐離開教團時，情況雖然稍有改善，但是只要回到教團內，情形又更加惡化。

外界曾批評某些教團對於醫療行為或近代醫療等抱持著批判性的態度，筆者對此一情形並不確定，因為，在幾次接觸教團的幹部後，並未感覺到他們對於近代醫療或現代技術有排斥的意思。

或許宗教團體中，各階層幹部的想法不同，所以筆者無法得知教團真正的看法，但是現在有很多宗教團體的確發生不少問題。筆者今後也將朝此一方向多加研究。

所以，對於坊間傳說某些教團拒絕醫療行為，筆者仍持保留的態度，不願加以評斷。

(三)宗教團體的問診（治病）

六〇年代初期，大約在一九六三年～一九六五年左右筆者在精神科擔任助手時，曾經設有「宗教門診」的特殊門診科目。許多有關信仰問題的病患或家屬，都在此門診接受診斷及治療。當時，除了門診之外，也組成宗教精神醫學研究班，針對四、五個宗教團體進行研究調查的工作。因而發現許多信徒信仰新興宗教的原因，都是因為生病的關係。筆者相信，即使到現在，「生病」仍是許多人信仰宗教的主因。在此就以兩個宗教團體為例，進行說明。

A教團可以說是一具有全國性規模的大型宗教團體。當時，筆者深入其中，在道場與信徒們共同接受了十天的集體訓練課程。由於得到教團方面的全力協助，特別在訓練課程開始之前的教團問卷調查當中，加入「生病」的項目。同時也在訓練過程的第一天、第二天及最後的第九天、第十天，分別進行面對面的訪談。此外，在訓練課程結束半年之後，還以郵寄問卷的方式，進行後續追蹤調查。並將當時調查所得到的結果，做成表一、表二、表三。

而另外一個宗教團體則是B會。B會是東京的一個小型宗教團體，曾進行許多疾病治療的活動。筆者也參加了B會的活動，以便親身體驗其生活。而不管是在A教團或B會的問卷調查中，都對訓練或治療的結果以「惡化、不變、改善」等層次加以判定。姑且不論其活動真正的成效，只要信徒認為，在接受訓練或治療之後，情況有朝良好傾向發展，便以「改善」作為解釋。

表一　診斷

	A教團	B　會
精神分裂症	11	0
疑似精神分裂症	0	1
癲癇	2	0
神經症候群	25	12
酒精中毒	2	0
性格偏差	3	0
腦器官性疾病	0	5
身體疾病	19	23
以家族的疾病治療為目的	8	0
總　　計	70	41

現今的醫學，特別就精神醫學方面來說，有些時候仍無法明白解釋疾病的發生原因。但是，病人對於自己病情無法得到解釋的時候，常會產生恐慌不安的情緒。所以，在進行治療時，即使稍有誤差，最好仍能夠多少說明原因，才能使病人感到安心。而在統計圖表中對於病情的變化，採用「改善」一詞，並不使用「治癒」的說法，就可看出治療意義的演變。不管是在分析性精神療法的變化或新宗教的演變，都可歸類出其兩者變化的異同之處。筆者以為，當健康的價值觀深入信仰的價值體系時，其個人的自我認知價值也就非常容易顯現出來了。

在A教團曾經有過這樣的例子。有一位患有精神分裂症的高一男生，不但有極度幻想的症兆，還有非常嚴重的被害妄想意識。如果不送入醫院治療，只怕會有跳樓、撞車等自殺的舉動。家人及教團幹部都非常擔心，考慮要送他入院治療。但是，在經過討論之後，決定再觀察一段時間。之後，教團的某位幹部每天晚上都找這個小男生到自己的房間，表示關心之意，同時還整晚陪在身邊，不眠不休的照顧，最後這位小男生終於在大家的關心之下度過了危險期。真的非常令人感動。

A教團有兩個癲癇的病例有惡化的結果。就是在表二最上方的部份。其主要原因是由於停止服藥的緣故，隨後癲癇就再次發作了。就醫學的角度來看，病情可以說是極度的惡化。但是，在見到病人之後，卻發現他們有著前所未有的開朗心情。這兩位病人當中，其中一位是個非常漂亮的總機小姐。

據她表示，以往她為了自己罹患了癲癇而必須終身服藥一事，感到非常絕望和沮喪。幾經友人勸誘，抱著死馬當活馬醫的心態，加入了教團活動。之後，即使在癲癇發作之後，也是心情開朗，一點也不感到灰心。經過了教團的活動，她開始認為自己沒有生病，疾病只是心理作用而已。所以，從此也就不再服用任何藥物。雖然之後，她又再度發病，但是整個人的人生觀卻有了極大的轉變，也不再絕望和沮喪。筆者在一偶然的機會中，得以與她的主治醫師討論病情，知道在不服用藥物的狀況之下，這位女性大概每半年就會發病一次，而且是

表二 治療效果

		惡化	不變	改善	無法判定	總計
A教團	分裂症	0	6	4(40%)	0	10
	癲癎	2	0	0	0	2
	神經症候群	0	6	17(74%)	0	23
	酒精中毒	0	0	0	2	2
	性格偏差	0	0	0	3	3
	身體疾病	0	15	3(16%)	1	19
	小 計	2	27	24	6	59
B會	疑似分裂症	0	0	1	0	1
	神經症候群	0	1	11(91%)	0	12
	腦器官性疾病	0	3	2	0	5
	身體疾病	0	9	14(61%)	0	23
	小 計	0	13	28	0	41
總 計		2	40	52(52%)	6	100

表三 神經性症候群的內容與治療效果

		總數	治療效果		
			對象	不變	改善
A教團	神經質	7	6	1	5
	身心症	8	8	1	7
	神經不安症	6	5	4	1
	歇斯底里	4	4	0	4
	小 計	25	23	6	17(74%)
B教團	身心症	11	11	1	10
	神經不安症	1	1	0	1
	小 計	12	12	1	11(91%)
總 計		37	35	7	28

在晚上睡覺的時候居多。

雖然在此無法斷定發病時是否會有任何生命的危險，但是病人自身認為生病是心理上的問題，不服藥反而能夠活的更好、更快樂，到底我們該強迫病人服藥呢？還是就不管她每半年的復發了？原本，主治醫師希望能夠說服病人繼續服藥、控制癲癇的發作，然後再慢慢改變病人對生病的沮喪情緒。但是，在病人不服藥的堅持之下，醫師的作法看起來是不可能了。面對這樣的狀況，筆者不禁質疑，到底醫師是扮演怎樣的角色呢？如果這位病人是自己的親友，又該選擇哪一種方式呢？相信這是個非常難以抉擇的問題。

表三是神經症候群的病例。正如表上所示，治療的結果不但有戲劇性的變化，同時最令人驚訝的是，這些轉變還是發生在極短的期間之內。在許多的病例中，有一位歇斯底里病人的例子是非常有意思的。這位病人是個有錢的董事長夫人。但是由於先生整天在外花天酒地，每個星期總有幾天要玩到早上才回家，所以夫妻之間的衝突不斷。但是，在教團的活動中，教育這位夫人每天要以合掌道謝的態度面對先生。某天，先生回家時，太太便合掌對先生說：「謝謝你！」而先生開始覺得太太有點不對勁，也開始感到有些愧疚之意，之後便不再花天酒地了。當然，這也是在隨後的問卷調查中才獲知這樣的結果。

其實，這個原因只是眾多原因的其中之一而已，在夫妻的冷戰過程中，太太的想法也有

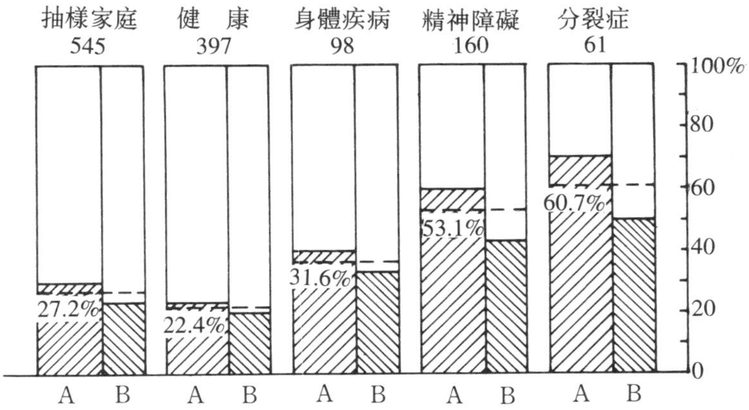

圖一　具有「求神傾向」的家庭比例
（有無各種疾病患者的比例）

很大的改變。只不過受到所謂精神心理治療的改變，和在教團中受到教義感化的改變，兩者之間有些許微妙的差別，對日本人而言，到底哪一種比較有效，實在頗受爭議。

圖一的資料雖然年代有些久遠，但是基本上現在也應無太大改變才是，所以在此提出來作為參考。這是一九六一年筆者在某個島上所進行的調查結果。一九四〇年時，內村裕之教授等曾經在當地進行過田野調查，當時可以說是日本最早一次有關精神醫學方面的整體調查活動。而在二十年後的一九六一年，筆者再次進行類似的調查活動。在筆者的調查中，並不僅止於以精神醫學方面來進行觀察，同時還加入社會文化等方面的觀點，作為調查的重心。圖一就是其中一部分的結果。

在此先說明圖一所示的結果背景。圖一的標題是「具有『求神傾向』的家庭比例」，但是在處理統計資料的過程中，其實有相當的困難。簡單的說，只要是家庭中有一定的宗教信仰，或家中有人有膜拜巫師的情形，均列入統計調查的對象之中。而信仰宗教或膜拜巫師等行為，一概不論其目的及動機，不管是家中有人生病與否，或有其他原因，都毫無差別的列入計算，最後再進行相關的統計。在全島取樣的五百四十五戶家庭中，平均每二七・二％的家庭就有求神問卜的行為。但就分項來看，全家健康平安、毫無病患的家庭中，有求神行為的占了二二・四％。有長期性身體疾病患者而進行求神的家庭則有九十八戶，占了三一・六％。家中有精神障礙者而求神的則有一百六十戶，占五三・一％。而精神障礙中，特別以精神分裂為主的則是有六〇・七％。由此一結果可以看出，精神分裂的家庭求神的比例特別高。姑且不論這些家庭當時入教的動機為何，但是就結果上來看，所占比例的確偏高。

圖一中還顯示出一有趣的結果。圖中的A地區是屬於比較城市的部份，而B地區則是較為郊外的村落。但是，圖中的調查結果可以看到，不管是城市或是村落，一旦家中有人生病了，求神的比例都有增加的傾向。甚至A地區的此一傾向還更加明顯。此一結果可以說是具有非常大的意義。

近二十年來，筆者專心於研究地域精神醫學領域。在整個的共同體觀念慢慢消失之際，開始研究地域性精神醫學。或許有些人認為，在一毫無地域性分別的地方進行地域性研究，可以說是無稽之談。但是從圖一的調查結果可以看到，A地區是比較城市的部份，而B地區則是比較郊區鄉下的部份。B地區或許還殘留著村落共同體的觀念，而在A地區則可以說是共同體的觀念已經逐漸的崩壞了。所以，在共同體的觀念崩潰的同時，其取而代之的則是求神問卜的傾向增強了。

由於要求得更進一步的證實，後來只好在調查中以許多因素區隔成「地域」的形式。簡單的說，不拘泥於「地域」一詞，以各種不同的差別，分類成各種族群互相比較。這也是地域精神醫學研究領域中的研究方法之一。而所謂不同的差別可能是參加戒酒會的成員、家族聚會的人員、共同活動中心的會員等等，有各種的區分方式。所以，就某些層面而言，宗教的教團不但扮演了地域區隔的角色，同時也是進行治療的最佳場所。

二、「巫師學」與精神醫學

其實，筆者在行醫的過程中，最早開始涉獵的主題是巫師學。在一個非常奇特的機會中，筆者開始對巫師感到興趣。在東大醫院進行臨床研究時，筆者個人非常喜歡四處遊玩，所以便志願從事此一方面的研究。當時，日本國內最有名的巫師文化是東北地方的「伊達叩」，為了要研究這方面的問題，筆者先到了東北的津輕，但是由於不懂當地的方言，所以根本無法進行調查。為了要解決語言上的問題，便在弘前的健生醫院任職。但是，對精神科醫師而言，再也沒有比語言不通、聽不懂病人所說的話更難過的事了。在診療初期，由於根本聽不懂鄉下老婆婆所說的方言，只好請護士小姐翻譯，但是即使如此，有時候連護士小姐所翻譯的話也因為鄉音太重而聽不懂，還因此發生了許多笑話。

筆者的巫師學研究就在此一情況下慢慢開始的。

(一)巫師體驗等——成巫過程

筆者以為成巫過程，也就是成為巫師的過程，可以簡單的分為兩大類。第一種是修行型，第二種是非修行型（偶發型），其主要的過程歸納成圖，請參照圖二的部份。首先，以修行型為例進行說明。

＊修行型——F先生　五十六歲

F先生是賣魚人家的兒子。由於父親經年酗酒，所以F先生受了很多苦，也因此而非常憎恨父親，他自己承認曾經很認真的有過弒父的念頭。但是，畢竟還是下不了手，所以便獨自離家到岩木山中去修行。

在經過了二十一天的修行當中，F先生體驗了許多事情，隨後便下山回家。在圖三可以很清楚的看到他體驗的過程。F先生在反覆入山修行之際，終於開始看到神明顯靈、或是聽到神的聲音。在圖三的上方，可以看到F先生有視、聽覺上的體驗。他開始認為自己非常受到神明的寵愛，有了前所未有的幸福感受。慢慢的，F先生的身體會不斷顫動，喉嚨也會發出不具任何意義的怪聲，但這些剛開始不具意義的聲音，到後來就變成清楚的話語。也就是在圖三下方人格變幻的部份。

像這樣有視、聽覺的體驗，或是有身體感覺的體驗等，經常出現在修行者的身上。（有時候是上方的體驗先出現，有時候是下方的體驗先出現，或者有人只有其中的某一種而已。）但若要探究這兩種體驗所代表的意義，倒不容易有所定論。F先生在圖上方的「看到、聽到」等視、聽覺體驗中，慢慢的發展達到巫師的境界。所以F先生並不只是「伊達叩」而已，而是被稱為「構明叟」（神明之意）的巫師。所謂「伊達叩」的絕大部分都是因修行而來的，而「伊達叩」最多、最有名的地方，就是在恐山。

＊非修行型——G小姐　三十三歲

G小姐夫妻是典型的宗教夫妻。先生原本是學校的老師，但是因為覺得教書太無聊了，

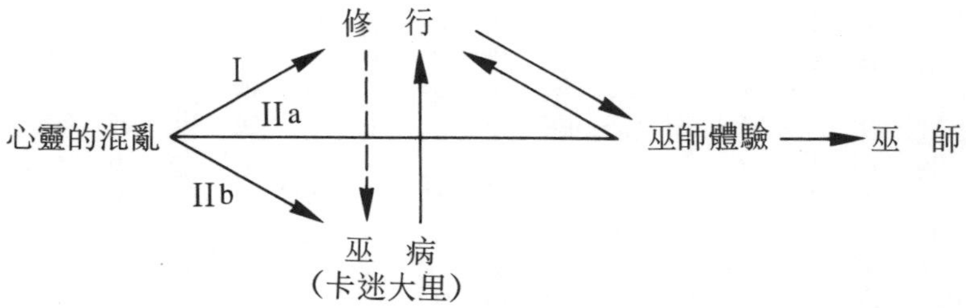

圖二　成巫過程

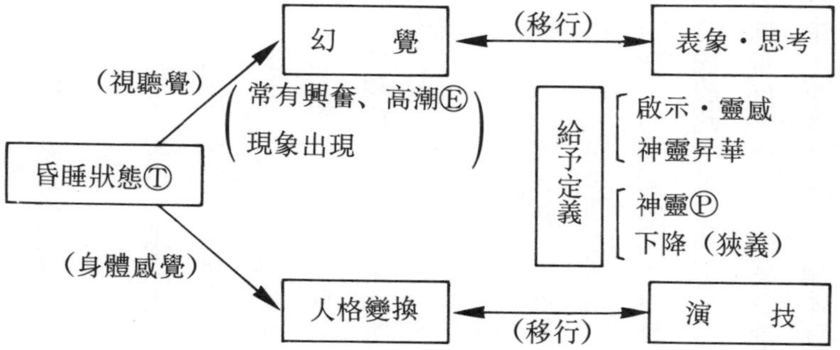

圖三　巫師體驗（模式圖）

就決定到山中修行，以探究世界上是否有神明存在的疑問。姑且不論其真正的動機為何，在他修行的過程中，便產生了成巫的體驗。

隨後，這位先生在「成神」之後，生活起居變得非常不規則，婚姻生活也無法繼續，就在其婚姻將屆破碎之前某一天，剛好是祭祀的日子，太太G小姐的臉色突然大變，開始不斷的怒罵先生。而先生卻好像中邪一般，身體完全無法動彈。追究其間到底發生了什麼事，根據兩人的說法，突然有一位權位高於先生身上守護神的神明附身在太太身上了。所以在現實生活中，原本處於弱勢立場的太太，在神明的世界中逆轉位置成為主宰，所以先生便絲毫沒有反駁的餘地。也因此夫妻重修於好，免於婚姻破碎的局面。

或許醫療相關人士對於這樣的例子並不關心。但是，筆者認為，圖二所示的成巫過程卻是非常重要的提示。在巫師學中，可以勉強將成巫過程分為幾大類，當然其他也還有各式各樣的分類方法，而筆者自己則將其歸類於表四，以供參考。在表四中所列的分類方式（修行型及非修行型）中，並未將成巫體驗的過程當作是一特別的學術名詞，而是以日常生活用語的方式加以歸類。但是在民俗學或宗教學中卻經常無視於此一平常的部分。若以職業型或宿命型加以分類，在現實中則會發現有許多橫跨兩者的實例。所以，筆者認為在進行分類時，必須清楚區分，同時也必須在同一前提、同一範疇中，將實例加以分類才有意義。

表四　成巫過程的各種分類與其定義

	日常生活用語	具有巫術意義之用語
曾有巫術體驗的過程	修行、非修行(偶發)	
選擇成巫的關鍵	職　業	宿命、選擇、世襲

(二)精神醫學的診斷

在持續此一研究的同時，有許多人類學、宗教學的人士，甚至還有一般人士往往會提出疑問：「到底巫師在精神學方面的定義為何？」

前一陣子，電視上曾經報導有位巫師宣稱三島由紀夫的靈魂附身在自己身上，在頗有因緣的富士的忍野村接受攝影訪問，筆者也同行其中。當時，此一話題引起極度關切，就精神醫學的診斷觀點來看，筆者以為必須以三個時點作為考量的基準。

首先，就是在成為巫師之前所產生的「卡迷大里」狀態，在這一方面每個人所出現的情形可能均有不同。其次，就是其膜拜的狀態，最後則是就整體而言的精神醫學意義。只要能夠掌握這三方面的重點，問題就比較清楚易見。但是，事實上想要明確的考慮此三方面的問題是非常不容易的，只要思緒稍稍岔開或有其他的發言，就很容易互相混淆。

筆者在研究巫師學多年之中，始終保持兩個態度。其一，便是不斷與活躍於社會中的巫師保持接觸。其二，就是關心精神科醫療或精神衛生活動中，有關巫師方面的所有問題。在前者方面，筆者經常記錄巫師的生活史，其中發現有許多人以往曾經患有精神方面的病症，這些例子便屬於圖二的IIｂ型。而在後者方面，也有些接受治療的病患，在治療完畢後，便成為巫師的例子。當然，並不是所有的巫師都一定有精神方面的問題，還是有非常多的巫師和精神病等問題完全沒有任何關係的。

㈢巫師體驗的轉移、變質——歇斯底里與詐欺病症

從圖三可以明白了解成巫的體驗。巫師常常對其在昏睡無意識狀態時所看到或聽到的東西加以解釋，並稱為啟示或靈感。然而，隨著巫師經驗的累積，這些體驗會慢慢轉移、變質，即使沒有實際看到或聽到，只要有一點影像或感覺，就能夠加以解釋。

正如圖三下方所示，人格變換的部份也有這種轉移、變質的情形。有時候，想要進入無意識狀態卻一下子做不到，只好假裝做出毫無意識似的膜拜，不得不扮演好像已經有神明附身似的樣子。這其中的過程就已經變質了。而宗教體驗的變質問題，和歇斯底里及詐欺病症有相當大的關係。圖三左側部份的體驗、幻覺、人格變換等症狀可說與歇斯底里的情形相似，而右側的表象、演技等部份則是和詐欺病症相關。或許以「不上學」作為想像的例子會比較容易理解筆者的說法。真正拒絕上學的情形是屬於左側部份的狀態，想去也去不了，身體就

是動不了。但是，右側的情形卻是偷懶不想去。所以，不去上學的現象可以說是此二者之間的連續轉移而已。

此外，還有一較大的問題就是使用名詞導致混亂的情形。例如圖三當中所示，有許多現象發生之後，在周遭觀察的人員必須詳細記錄、加以說明，但是觀察人員到底要在哪一個階段中表明自己的立場呢？而其立場又是什麼？是心理學？還是人類學？還是巫師的信徒？關於自我立場的表明也必須清楚的區分才是。

例如在圖三上方的體驗中，使用了「幻覺」一詞，這便屬於精神醫學的專有名詞。而「看得見」或「聽得到」等詞就屬於一般日常生活用語。此外，「看到神明」一詞，則應該是以巫師的立場來說，便是指「自己已經進到神的世界當中了」的意思。而圖下方所表示的「神靈下降」一詞，在精神醫學中該如何表示？諸如此類的問題在沒有整理、定義之前，是無法進行任何討論的。簡單的說，若無法貫徹自己的立場進行觀察，也不整理自己所定義的部份，單單只就觀察結果進行討論，不但無法得到成效，反而很容易引起混亂。筆者在與其他專門領域的專家進行意見交換時，經常都有此一感嘆。若不重視此一問題，只怕這樣混亂的結果將會成為巫師學的中心思想。

三、今後的課題

總結以上的內容，筆者認為研究「宗教」與醫療的關係，必須基於互相了解的前提之下進行才是。因為有太多各式各樣的病人和家屬，都必須深入了解才能有所獲得。第一章中曾經提到精神科醫療或第一手治療的問題，事實上在面對病患時，首先要了解病患或其家屬信教的原因，在了解的同時，還要能夠表現出理解與接受的態度，接下來才能夠體會各種經驗。或許看起來完全不願意配合溝通的教團，非常意外的願意配合也說不定，而真的拒絕溝通的情況也是難免的。不過，信仰問題與醫療問題之間的關係，可以說是切也切不斷的。在許多方面，都必須借助兩者相輔相成的力量才能獲得解決。所以，在進行研究時，更須切記互相研究、互相理解的基本原則，從各種角度加以探討問題才是。

近年來，筆者最關心的問題就是「卡迷大里」症候群了。正好在琉球地區有此一特殊名詞總括其意。不過，並不需要因此而特別注重此一名詞，最主要的還是其背後所象徵的意義。此一症候群的意義，是無法以社會文化層面中的疾病、健康或價值觀來加以判定的，或許應該以此一症候群作為出發點，對現今的醫療體系重新審視才是。筆者也願趁此機會再次思考此一問題。

其實，筆者本身自五〇年代到六〇年代初期，熱衷於信仰問題的研究，其後又將近有二十年左右的時間致力於地域精神醫學的調查。因此，有關於信仰方面的問題，可以說在意識上就只追求實務經驗，而拒絕理論上的討論。而筆者最近深深的感覺到必須重新思考信仰的問題，所以雖然自知理論不足，還是接受了此次演講的邀請。希望能夠借此一機會多接近關心醫療與宗教問題的人士，同時也在此引述了過去的資料，做一簡單籠統的講演提供與各位作為參考。

（東京大學醫學部教授）

（註）本稿原為一演講稿，在此經過修改之後加以披露。因此，有些字詞過於口語並不適用於文字稿，請多見諒。本文中的圖表並無記載出處，詳細內容資料請參見筆者的論文集《從宗教到精神衛生》（金剛出版，一九八六年）。此外，為保護文中舉例人物的隱私權，記述內容與事實有若干變更，特此明示。

宗教、玄學與精神病理

小田 晉

一、宗教與狂亂

其實，筆者是精神科醫師。以前也曾應邀在此演講，現在任教於東京大學保健學系的精神衛生研究室的佐佐木雄司教授，和筆者可以說是多年的研究伙伴，從年輕時候開始，就對宗教與精神醫學的領域感到非常有興趣。當時，年輕的精神科醫師，同樣醉心於此一領域研究的還有筆者的恩師宮本忠雄教授（自治醫科大學教授）、佐佐木教授、荻野恆一教授（慶應大學客座教授）以及筆者等寥寥數人而已。直到最近，年輕的精神科醫師對於宗教方面的問題也開始有所關心，研究的人數也增多，筆者感到時代也慢慢在改變了。

筆者之所以對宗教等問題感到興趣，正是希望能夠以近代科學的立場剖析宗教的奧祕。當時筆者的博士論文是以「就宗教精神病理學之角度，對於某新興宗教信徒所呈現病狀之研究」為主題。其中所提到的某新興宗教可以說是當時在日本非常龐大的一個宗教團體。在筆者還就讀於研究所時，曾在某家精神病院擔任夜間住院醫師。當時，該醫院中有許多病患，正是因為進入該宗教團體後才發病的。而這些病患的病症，卻是在日本前所未見的。簡單的說，就是病患會看到惡魔附身的情況，或自認為已受到惡魔的侵襲。看起來好像是西歐的宗教性疾病「惡魔附身症」(Demonopathie)也在日本出現了。但是，事實上，後來在該教團改變了佈道的方式之後，最近在隸屬於該教團的信徒身上，已經看不到類似的病症了。

經過當時的體驗之後，筆者本身也因為經歷了某些個人經驗，而逐漸改變了原來的想法。其中最奇妙的一次個人體驗，可以說是發生在尼泊爾。大約在一九六四年到六五年之間，筆者曾經到尼泊爾北部由佛教高僧大喇嘛所統治的西藏人部落中，從事半年左右的研究調查工作。而在接觸到高僧大喇嘛的為人處事及其所扮演的宗教角色之後，筆者的想法有了大幅的轉變。最後在歸國下山的途中，筆者才驚覺以往一直以西歐的醫學角度為中心，企圖剖析宗教的想法並不完全正確。到了現在，傳入日本的知識領域不斷的擴大，其內容也日漸豐富，相信應該再也不會有人像筆者當年一樣，以非常粗淺的精神醫學知識，就企圖解釋宗教的奧祕了吧。

原本，精神醫學和宗教之間就具有密不可分的關係，而在今日宗教與精神醫學互相交集的領域中，又可以從兩個不同的層面來進行觀察。第一，就是具有撫慰作用的信仰或宗教，到底和醫療（特別是精神醫療）之間的關係為何？美國的心理學者華特(Watt)曾主張，在西歐的傳統社會中，長久以來教會就具有諮詢的功能。而東洋宗教則全部都算是心理療法。事實上，宗教一直在扮演撫慰心靈創傷的角色，而其本身對於身心疾病具有慰藉功能的事實也不容否認。而宗教和醫學之間該如何相輔相成，可以說是今後非常重要的課題。

特別是最近由於身心醫學(psychosomatic medicine)的進步，兩者的互相成就更是大有可能。當然，日本在制度上，現在的私立醫院系統中，特別是專業護士的領域，都受到基督教極深的影響。日本第一位護士，日本最好的私立醫院，都是經由基督教的傳教士或牧師等所努力教育、建設的成果。

而第二個不同的觀察層面，則是指宗教的精神保健方面而言。簡單的說，也就是宗教精神病理學中，宗教與錯亂之間的關係。就某方面的意義而言，人類都具有某些「非日常性」的部份。人類在日常生活的人際關係，都可以說是群體生活，必須和其他的人相處在一起。一旦無法繼續這樣的生活方式時，人際關係發生了正面衝突，就很可能會造成犯罪行為。而如果只是將自己封閉在自我想像的空間之中，則就成了精神錯亂或行為狂亂。有時，如果看到現實中並不存在的另一世界，或許就會被歸類於神秘主義與信仰的範圍。也就是說，犯罪、神秘主義、精神錯亂等行為，就某些意義上而言，其實都是源自於人類的非日常性的部份。若能隨意控制此一非日常性的部份，酒後大醉的情境也就可以理解了。

日本的民俗學中，日本人生活意識的兩極化可以說是一大特徵。其實，這並不是日本人特有的現象，只不過在日本人的生活意識中，表現得特別明顯而已。所謂的兩極化，則是指日常性——稱之為「褻」的部份，以及非日常性——稱之為「晴」的部份，有著極為明顯的構造區分。平常日本人的生活就是和左鄰右舍、親朋好友互相聯絡往來，在日常的工作勞動中，平淡過日。在平常「褻」的日子裡，即使連米酒也不喝的。

但是，和「褻」的日子完全相反的，也就是「晴」的時候。在「晴」的日子裡，常會舉辦神明祭祀等活動，屆時就會喝米酒助興。在柳田國男教授的記錄中（《木綿以前之事》一書），喝米酒的活動並不是以品嘗酒的美味為中心，其真正的目的則在於大家一起共同體驗一種異常狀態，同時面對祖先或神明的應對。這中間雖然有巫師等媒介者的存在，但是除此之外，日本的藝能、神樂等傳統文化，以及能劇、狂言，甚至連歌舞伎之類的藝事、藝能，都是起源於神明祭祀的活動之中。而在古典日文中，表現「狂亂」(madness)意義的用詞，則有"Tabure-bito"一詞。而在《萬葉集》中也可以找到類似的詩句。從"Tabureru"這個詞很容易聯想到"Tafureru"（倒下去）和"Tamafureru"（發狂）、"Tawamureru"（遊戲）等三個詞，而前兩個詞則分別和癲癇、狂亂有相當的關聯。

簡單的說，在「晴」的時空中，人們狂歡狂舞，盡情的遊戲娛樂。而到了「褻」的時候，還是有人想要繼續玩樂、保持極度歡樂的狀態。而無法分清楚「晴」與「褻」分界的人，就稱之為"Tabure-bito"，也就是瘋狂之人的意思。因此，筆者認為狂亂與神秘主義，以及與信仰之間的關係，就此意義而言都具有「非日常性」的部份，其結構也是非常接近的。而在現實中，狂亂與神秘主義，或是假的神秘主義之間的區別，卻是非常困難的。或許在某些部份只是一步之隔，而有時候卻又是咫尺天涯的距離。事實上，正如同宗教的精神病理領域很早就存在於精神醫學範疇之中是一樣的道理，兩者之間都是看似相近，卻又大不相同。

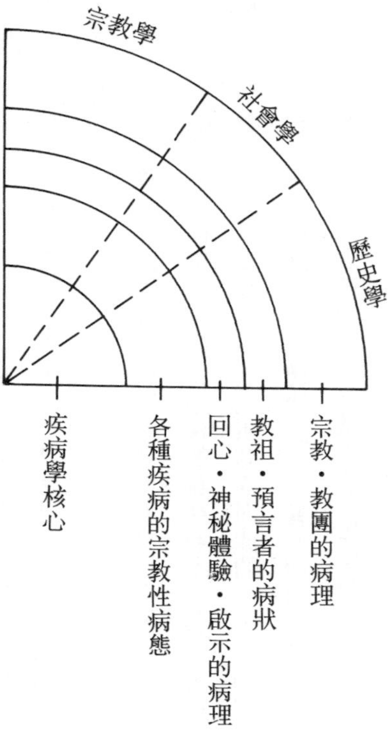

圖四　宗教精神病理學的領域

因此，筆者的研究方法，就如同右圖所示，呈一扇型的分布。首先在宗教精神病理學的領域中，中心部份是屬於疾病學的範疇。就狹義的來說，宗教精神病理學可分為在精神分裂症、躁鬱症、癲癇、神經症等病症之下，病人所呈現的精神狀態。接下來，則可以看出在這些病症之下，宗教所扮演的角色，而這些宗教現象，可能包括了神秘主義或啟示等等，又和病症之間存在著何種關係？此外，還可以就病理學、精神醫學等文獻的研究角度，探討教祖、預言者的功能。而最後再針對宗派、教團進行社會病理學的研究，藉此也可進入宗教學、歷史學及社會學的研究領域。

事實上，筆者的研究並不一定要從疾病學的立場來解釋宗教的現象。雖然心理學大師佛洛伊德曾經做過如此的嘗試，但筆者卻認為這樣的解釋並不完善。有位澳洲的精神科醫師曾經主張，人類是由心靈、身體及精神等三次元所結構而成的。這三個次元會互相投影，但是精神次元卻不容易受到心靈或身體等各部份構造的影響。而這位醫師也主張人類之所以擁有精神層次，正是因為人類非常接近神的存在之故，雖然他是以天主教徒的立場提出此一觀念，但筆者卻也相當認同。

二、神秘體驗與精神病理學

接下來，筆者想就歷史層面，探討過去宗教和精神醫學之間的交互關係。筆者認為，不管在世界上任何一個國家或地區，咒術都可以說是宗教的根本起源，也就是說各種宗教都有其作為母體的咒術。而所謂的咒術醫師，不但可以說是醫術的先驅者，同時也是宗教的開拓者。經過了漫長的時間和努力，最後才有像天主教或佛教等高等宗教的出現，而世俗醫師的角色也才從僧侶分離開來。但是，世俗醫師中的精神科醫師，可以說是最晚從宗教家中分化出來的。舉例來說，日本的新宗派教團成立附屬醫院時，精神科是最後才成立規劃的。當然，有許多綜合醫院因為經費的問題，也很難設立精神科一項。但是，根據前述新宗派教團的說明，教團方面認為精神科的病患可以藉由教團的治療得到成效。

即使教團的說法不足採信，但是西歐近代精神醫學在發展初期，對於處置狂亂疾病時，也是和宗教家互相爭奪治療的空間。簡單的說，從所謂抓女巫時代的中世紀末期一直到近代為止，許多精神疾病患者在敘述自己的症狀時，都說自己受到惡魔附身，因此被世人當作女巫，而受到審判。針對這樣的情形，維爾(Weier. J.)、阿格利巴(Agrippa)，以及巴拉格爾斯(Paracelsus von Hohenheim)等文藝復興時期的精神科醫師們，堅持這些自稱惡魔附身的人是生病了，而非真的受到惡魔的侵襲。所以他們主張應該加以治療，而不該處以焚身之刑。也正由於他們的努力，才使得精神醫學得以啟蒙。

然而，近代精密的精神醫學體系，事實上是從醫學與宗教之間的糾纏關係所衍生出來的。

因此，精神醫學所闡述的宗教，大多是以醫學的立場講述信仰的觀念，以及解釋其是否為病態的情況而已。延至今日，終於有學者開始主張，宗教與醫學不僅應該中止以往的對立關係，同時也有攜手合作的必要。宗教和醫學的合作，應該將研究的範疇擴大，由身心醫學、個人心理學、存在分析、教會諮詢等各方面著手才是。

所謂宗教精神病理學，主要是研究在病患的病症中，信仰所佔有的地位與角色扮演的關係。而追究其意義，就是要強調證明前述所提到的身體的狂亂及信仰之間的關係。舉例來說，以精神性疾病，特別是腦部異常的癲癇症為例，和精神分裂症比起來，癲癇可以藉由測定腦波等生理學的方法證明其異常的情況。

但是，並不是所有的癲癇都是因為精神障礙的原因所造成的。而且，如果是由於腦部障礙的原因，則其所呈現的宗教體驗就不符合研究的條件了。

相信大家都知道，梅毒第三期的病變常會引起精神病，這也算是一種非常典型的腦部疾病。現在這種疾病幾乎已在現今社會絕跡，但取而代之的卻是由AIDS等病毒所造成的精神疾病，正在西歐及美國地區肆虐。

有個非常諷刺的例子，一位名叫大川周明的人得了這種梅毒末期的腦部障礙精神病，而此人正好是日本八紘一宇概念的提倡者，因此在遠東國際軍事審判中被起訴。但因為在審判中發生了精神障礙，經過精神醫師鑑定的結果，發現是梅毒末期的症狀，在治療期間，病人卻經常出現和默罕莫德見面的幻覺。根據病人的描述，第一次和默罕莫德見面是在牢獄之中，到了精神病院之後，才開始有雙方對話的情形出現。而在經過治療過程之後，他便開始著手翻譯《可蘭經》的第一部日文版。

正如眾所週知，大文豪杜思妥也夫斯基雖然不是位宗教狂熱份子，但是卻是位癲癇的病患。在此之所以提到他，是因為在杜思妥也夫斯基的作品中，曾經出現和神秘體驗非常類似的場面。舉例來說，在他的《惡魔》一書中，就有一段：「雖然只有持續了五、六秒左右的時間，但是卻有了到永恆的感覺，這是很難以言語表達的情感，且絕對不是情緒上一時的反應，是一種超越情緒、非常幸福的感覺。沒有什麼需要被原諒的，所以也沒有原不原諒的問題，這也談不上是愛情。持續了幾秒鐘的感覺，但是心靈卻幾乎無法承受，幾近消失一空。」這一段文字和神秘體驗的研究者詹姆斯威廉等人，所描寫的宗教體驗、神秘主義體驗等形式非常的相近。

古希臘的名醫西波克拉底斯的著作《神靈之病》中，曾經提到癲癇和神靈無關，而是一種腦部的疾病。這位名醫的主張當然可謂是近代精神醫學發展的基本方針，但是在當時的希臘，一般人都認為癲癇是一種和神靈有關的疾病。這是因為癲癇病人會有暫時的「死亡」，然後再突然甦醒過來的症狀，讓一般人感覺，看起來好像和神靈的力量有相當的關聯。

研究癲癇疾病的宗教病理學原理，則可以分做兩大方面來看。其一就是前面提到的癲癇症狀急性發作期的前後關係；而另一方面則是在人格變化的慢性影響，病患往往會建立起世俗傳統的人格形象，培養發展出信仰的雛形。

同樣的，在外在原因方面，有些神秘體驗也和藥物之間有相當的關聯。舉例來說，有些土著民族的信仰就會使用具有精神作用的藥物。在中南美一種名為可蘭得魯羅的原始信仰中，祭司就時常利用某些草菇或仙人掌等會產生幻覺的植物，把信徒帶入日常生活體驗之外的世界，然後在其虛幻的世界中與神明相會。而即使不用這些具有迷幻作用的植物，他們也使用酒精來促進群體的共同感。此外，從麥角採得的ＬＳＤ中，含有麥角酸二甲先胺之類的藥物。曾經任職於哈佛大學的心理學家提摩西(Leary. T.)就曾在神學系的課堂中，讓學生喝下ＬＳＤ後，觀察其有何作用與反應。而後提摩西透過ＬＳＤ體驗，提出「真正覺醒」的主張，最後甚至創立了類似宗教派系的組織。

正如大家所知，馬可波羅曾經記載，回教分派中的某些暗殺團體也會利用大麻抽取物，來促進幻覺的產生。雖然現在有些學者提出反駁，但是事實上宗教也有利用藥物達到和癲癇病症支配身體一樣的部份。在此不須舉任何特別的情況，平常生活中的飢餓幻覺，就是非常典型的例子。或者遮蔽感覺，譬如人類在孤獨，與外界完全隔離的情況之下，往往比較容易有幻覺或接受某些暗示。有許多的宗教並不把這種飢餓或孤獨的情況當作是治療的行為，而稱之為與神明相會的前置作業。最近，有許多有關瑜伽和坐禪的腦波研究，則可以作為參考。

但是，由宗教立場來看，癲癇病症並不能稱之為宗教精神病理的典型疾病。若要提到與宗教病理最相關的疾病，則應該是精神分裂症。精神分裂症所表現出來的異常行為，就可說是典型的超乎日常、反世界的病症。精神分裂症所形成的原因至今仍眾說紛紜，毫無定論。如果能夠發現精神分裂症的真正原因，同時發明出具有科學理論的根治療法，則大部分的精神科醫師都可能必須面臨失業的危險。雖然說醫學界至今仍未能找出精神分裂症的原因，但是最近有學者提出一非常有力的假設，也就是「多巴胺假說」。根據研究，多巴胺物質的化學構造式和興奮劑非常相似，人腦的頭前葉附近產生大量的多巴胺物質時，就會發生類似毒品所引起的症狀，也就是精神分裂症的主因。

而根據其他研究發現，人腦中還自然存在著另外一種和嗎啡的化學式極為類似，名為安多非因的物質，當哺乳類動物感覺到痛苦時，腦部就會自動增加這種物質的產生。在實驗室的實驗中，讓小白老鼠來回奔跑後，解剖其腦部，則發現安多非因有增加的傾向。所以，人類對慢跑著迷的現象或許也可以藉此得到解釋，當慢跑成為習慣時，腦部逐漸感到快感，所以即使連身體有所不適時，也無法停止，最後甚至導致心臟疾病的產生。當然我們無法解剖這些慢跑迷的腦部，但是由此可知，人類是一種非常奇妙的動物，會在自然界中尋找和興奮劑相似的物質來滿足自己。而哺乳動物中，也只有貓科動物會有類似的舉動。

而要探討腦部安多非因的產生與宗教之間的關係，則發現宗教中所謂的修行、苦行，或許其主要目的是要提高腦中安多非因的數量。倘若果真如此，宗教的本質就可經由精神醫學所作的身體性說明而得到相當的證實。但是，在此必須特別注意的是，這樣的證實並不足以說明宗教的一切。僅以某部份的證實涵蓋整體，則有以偏蓋全之嫌。

而在宗教現象中，區別病態及非病態的標準，自古以來一直倍受爭議。舉例來說，宗教上常有的改宗現象(Conversion)便是一例。簡單的說，所謂改宗就是藉由某次機會，由低處提升自己的宗教層次，以達成更高的宗教見地。或是轉而信仰別的宗教，甚至產生新的宗教領悟。而詹姆斯威廉(James. W.)則稱這種激進的現象為「重生型改宗」。相對於此，慢慢加深信仰層次的行為則稱做「原型改宗」。而「重生型改宗」大多是突然發生的現象。

譬如說聖奧古斯汀的體驗就是一例。聖奧古斯汀這位哲學家原本是名異教徒，而在接觸了基督教之後產生了對宗教的懷疑。有一天，他在樹下感到非常煩惱，忍不住要掉下眼淚時，突然聽到小孩子的聲音：「拿起書來看，拿起書來看！」他聽到之後，趕回家去，正好看到

《聖經》，便隨手翻開閱讀，正好翻到〈羅馬書〉一章。當時，他讀完後心中充滿了喜悅的感覺，而他的「改宗」也因此成就。回顧其中，聖奧古斯汀突然聽到：「拿起書來看！」的聲音，就精神病理學的角度來看，可說是一種幻覺，也就是感動性幻覺。但是，後來聖奧古斯汀所成就的事蹟，也奠定了現今基督教神學的基礎。

就平常精神醫師的診斷來說，像這樣突然聽到神的聲音，而且是在極度煩惱的狀態中突然聽到神蹟，由非常痛苦的狀態一轉而至興奮的情緒，就好像躁鬱症由鬱轉躁的情形、或情感性精神病的狀況一樣，都經常出現在屬於躁鬱症週期的精神病症狀上。雖然聖奧古斯汀的例子或許無法做如此的診斷，但是在日本新興宗教的教祖中，特別是有些女性教祖，非常明顯的都有上述的症狀。

而針對如此的狀況，到底這些宗教體驗是疾病的症狀還是真正的宗教神蹟，實在非常難以定論。而這也就牽涉到信仰與狂亂的問題核心所在了。往往，如果是屬於高等宗教的宗教體驗，則大部分的人都會在精神狀態完全健康的前提之下，討論這些經驗。特別是基督教或天主教中所記載的聖人，至今仍被當作是一基準。而另一方面，德國精神醫學家海曼(Heimann)卻提出稍有不同的看法，他認為即使這些宗教體驗包含了病態的因素，也不會直接影響其價值或真實性。

但是，許多屬於天主教圈的精神醫學家或宗教心理學家也主張，有些具有病態的神秘家或預言家都有其獨特的特徵。很久以前，神學家Johanni Baptista Scaramielli也曾提出類似的觀點；而法國派的學者Baruk. H.也主張高傲的態度、追求個人利益、無視於現實環境、矛盾與不合邏輯的言論等等，都是判定假預言家的指標；除此之外，研究家Roth. G.也認為，病態神秘家的人格發展停滯、否定社會角色、談論不實，無法達到真正的忘我境界，而有不安及背叛的煩惱；還有Dumas研究家也認為，即使在幻覺中會出現其他超自然的現象，而精神病的狀況中，往往出現的都是惡魔。此外，自治醫科大學的宮本忠雄教授也認為，在具有實體意識，也就是實際感覺的時候，如果出現超自然事物的存在，應該都會出現在前上方的空間中（mythos神話空間）。但是精神分裂症的情況卻非如此，往往加害的惡魔都是從後側的空間出現的。除了以上的學說之外，當然還有很多其他的主張，在此不一一詳述。但是在現代的社會中，筆者認為要就醫學的角度來評判一個人的症狀是否屬於精神醫學的部份，或者要判斷其宗教體驗的真偽，都是非常困難的。或許有人認為這是精神科醫師的推託之詞，但是重視每位病患的權利是我們精神科醫師的責任，絕對不敢有所掉以輕心。

提筆至此，筆者突然感到疑問，如果沒有精神分裂症的存在，今天我們的宗教又將呈現怎樣的面貌呢？有關這個問題有非常多的爭議。因一生奉獻非洲醫療而榮獲諾貝爾和平獎的阿爾伯特・修拜茲，就曾經提出很有趣的看法。他在醫學院求學時代的畢業論文，是以「以精神病理學的角度觀察耶穌行為」為題，其中主要強調耶穌基督並不是精神分裂症的論點。筆者從來沒有想過這樣的事，在研讀之後感到非常有意思。的確，曾經有人提出耶穌其實是精神分裂症病患的說法，像德國哲學家Karl Jaspers就曾經提出《舊約》中出現的預言家以西結(Ezekiel)有精神分裂症嫌疑的說法。

所以，所謂的神秘體驗中，有些或許是屬於病態的情形。事實上，神秘主義的語意在古希臘語中是指「深奧意義」的意思。人類進入病態的神秘體驗過程，結果就是脫離一般的日常性，而在脫離日常性的過程中，產生與超越者會面的幻覺。當然，這樣脫離日常的行為可以藉由祈禱所引起，也可能是因為精神病的關係。不管人類脫離日常性的原因是由於瘋狂，或是因為信仰的影響，其本身已經拓展了人類的極限。但是，實際上若要強調這些神秘體驗的真實性及其所賦予意義，最重要的是往後的行動。佛教中所謂的菩薩行便是一例。就是要在現實的共同社會中，實踐經過神秘體驗頓悟的結果。所以筆者認為，具有病態的教祖或預言家對於實踐宗教體驗的作法必定是裹足不前的。

就此一方面而言，宗教和社會的關係就變得非常重要了。在考慮到與社會之間關係的互動時，教祖的病理狀態或宗派、教團的病態問題也不得不加以正視。提到宗派、教團的問題，就牽扯到瘋狂與病態症狀的關係、祈禱形式與病態的關係，還有其各自的構造等層面的考量。但是，筆者在此不作詳細的評論，只是對於宗教精神病理學做一簡單概略的說明。

三、時代變化與宗教熱潮

然而，在現今社會中，宗教的病理現象所呈現的狀態則是大家重視的焦點。大家都知道，現在的日本可說正興起第三次的宗教熱潮。

第一次宗教熱潮是發生在江戶時代後期，一直到明治中期之間。當時由於日本幕藩體制的崩壞，明治維新前後的日本社會又快速的邁出現代化的腳步，在此背景之下，曾經有過廢佛毀經的暴行，而基督教也在當時再度傳入日本。由於社會及文化的大幅變動，也就產生了許許多多的新宗教。當時產生的新宗教有天理教、黑住教、大本教，以及其他的教派神道等等。而就新宗教的角度來說，當時再度傳入日本的基督教，對日本社會而言，也算是一個新的宗教。

最近，經常聽到新宗教、新興宗教等名詞，甚至還有所謂的新新宗教出現在眾多的宗教研究家當中，筆者及宗教評論家清水義人教授則認為區分新宗教、新新宗教、新新新宗教之間的差別，未免太過繁瑣了，所以只將傳統宗教與十九世紀前後出現的宗教做一區別，並將後者統稱為新宗教。

而第二次宗教熱潮則是指發生在第二次世界大戰前後大型新宗教的興起運動。其中最具代表性的就是創價學會，但是創價學會本身卻相當不滿自己被稱之為新宗教。究其原因，創價學會自認為是引日蓮宗富士門流支派，並以正統日蓮宗的在家信徒集團而自居，並不屬於狹義的新宗教。但是無法否認的，創價學會卻是在第二次世界大戰前後才急速發展壯大的。此外，靈友會、立正佼成會及PL教團、天照皇大神宮教，也就是所謂的舞神等等，也在此一時期開始大量發展。

而所謂的第三次宗教熱潮，則是指進入一九八〇年代以後的事，此次宗教熱潮中具有許多的特徵，有關此一部份在稍後的章節中再做詳細說明。在現今第三次宗教熱潮之下，年輕人也開始關心宗教的問題，而本研究會也有相當多的成員。而有關精神科領域的研究方面，回想起當初也只有筆者、佐佐木教授及其他兩三人而已，最近有許多年輕有為的研究者也慢慢加入研究的行列，這也反應出現代宗教熱潮的特徵。

下列曲線圖是一九八六年一月，《每日新聞社》所發表的〈心靈的時代——全國輿論調查〉

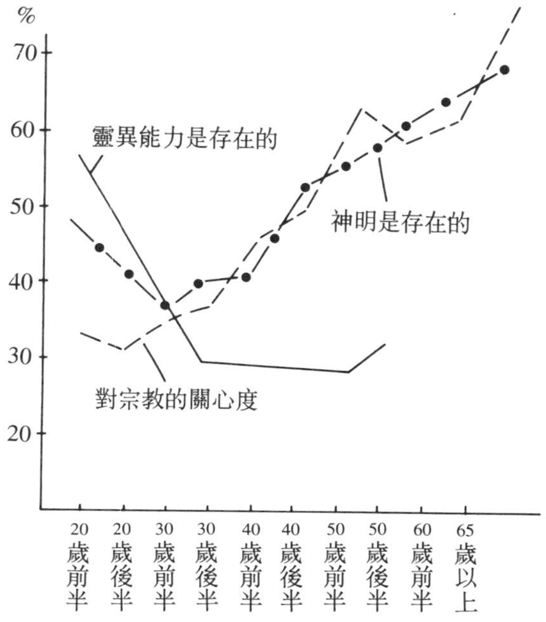

「心靈的時代——全國輿論調查」
（每日新聞社，1986年）

調查結果。資料中顯示，相信靈異能力存在的民眾人數，和年齡層成反比。而有關是否相信神明佛祖存在的問題，則可以發現以二十歲前半、二十歲後半、以及三十歲前半的人數最多，其後年齡層的人數則慢慢下降，然後再往上升。而對於宗教問題的關心及對於宗教的歸屬感方面，則是隨著年齡的增加，人數也不斷上升。從此一結果可以看出，年輕人反而比較相信神明及靈異能力的存在。而成年人中表示相信的人，則是屬於老年人較多。但是，唯有靈異能力這一項，即使年齡增長進入老年，原本不相信的人也還是採取不相信的態度。簡單的說，整個調查結果顯示出U字型的現象，也就是兩頭較高、中間偏低的結果。由此可知，日本人的宗教觀也已經有了相當的變化。

在此一背景之下則可以看出，基本上日本社會已經由產業社會轉變為資訊社會了。簡單的說，所謂的產業社會比較注重合理主義、勤勉、科學至上主義、自由主義、個人主義，同時具有反宗教化等傾向。這同時也稱做近代化的時代。然而，現代社會卻已經超越了這些理念，成為資訊化的時代。有些人則分別稱前者為近代化(Modernization)，而稱後者為現代化(Contemporary)。雖然說在中文的用法中，近代化、現代化好像都是指Modernization的意思，但筆者卻想在此做一區別。現代人的特徵，可說是多樣化且無規範的，同時也脫離了以往講究合理主義的道路，但是卻同時又具有管理主義的一面，令人感到複雜。而對宗教的關心也是抱持著遊戲的態度，這其中的問題不但值得關切，同時也和所謂新人類的出現有相當的關係。

這其實是一種半開玩笑的說法，正如眾所週知，有關新人類及新新人類的定義一開始是由日本的《廣告批評》雜誌所提出來的，經過《朝日journalist》雜誌批露而造成風行。筆者並無意採用此一定義，所以說是半開玩笑、借用此一名詞的說法而已。事實上，所謂的新人類在幼兒時就具有相當的電視經驗，而新新人類則是在幼兒時期就體驗了電腦的存在。因此，新人類的心性特徵，可以說是喪失了現實與非現實之間的界線，而在管理主義充斥的社會中，長大成人，所以對於占卜或算命感到非常的相信。簡單的說，就這幾點特徵來說，則可以看出所謂的新舊人類間已經有了極大的區別了。像筆者之類的舊人類，幼兒時期根本不知道電視機的存在，所以說，如果二次世界大戰之後的嬰兒潮所出生的年代稱為舊人類，在二次世界大戰前所出生的人就是考古人類，而大正以前所出生的人，根本就連考古人類也稱不上了，大概要叫做化石人類了吧。

像筆者一樣的舊人類對於科學技術的態度，可以說是非常好學的。對當時還在小學時代的舊人類而言，所謂的科學技術就是竹製的模型飛機，或是空蛋殼的潛水艇、針孔照相機等等，手工製造的玩具而已。除此之外，舊人類還很喜歡自己動手拆開收音機或時鐘，看看裡面的構造。這項愛好和吸食迷幻藥的患者非常相似。就日本厚生省的迷幻藥劑所引起的精神障礙診斷標準中，就提到由於迷幻藥或興奮劑中毒的病人其他的症狀都和精神分裂病患非常相似，在診斷上常有困難。但是迷幻藥中毒的患者的特徵就是會將時鐘分解成各項零件。所以分解時鐘零件的作法，常被用來區分及鑑別精神分裂症及迷幻藥中毒患者的差異。

而新人類雖然已經藉由電視或電腦中，大量接觸到科學技術，但是對於技術本身的內容卻仍是一無所知，而只是對電視畫面或電腦螢幕作對話的動作而已。將影像或記號當作是生活對象的作法，其實和大麻中毒者非常相似。簡單的說，將電視當作是另一個現實環境的新世代，模擬環境的比例太高了。美國社會學家華爾特・力普曼在一九五〇年代就曾提出模擬環境(Pseudo-environment)的說法。所謂的模擬環境，是透過媒體所給予的心像或影像效果，新世代的人類對於此一效果比自身所處的環境更感到親和力，因而更增大了模擬環境的空間。簡單的說，有些人會把電視連續劇中的老師當作是自己的老師，甚至認為電視偶像比自己的父母手足還要親近熟悉。

一九八六年四月，日本的偶像歌手岡田有希子自殺事件，造成了許多青少年也跟著自殺，出現了岡田有希子現象。究其原因，除了青少年的攻擊性已經由外轉內的因素之外，他們對於偶像的熟悉親近感，也是一大問題。對青少年而言，生死的界線並不明確，有時候在A臺已經死亡的明星，突然又在B臺出現。而現實生活中，人們大多在醫院中死亡，也很少看到老人的存在，所以青少年對於死亡並無切身之感，整個大環境也走向生死觀念不明確的趨勢。

因此，類似大麻或強力膠中毒的心靈麻痺狀態，普遍存在大眾的心中，算命占卜的風潮、參禪風潮也就因而興起。其主要原因也正是前面所提到的，產業社會轉變成資訊情報社會的影響。簡單的說，以往在鎔礦爐或工廠工作，默默地支撐日本工業發展的一群，根本不知道自己以後該何去何從。相反的，操作股票之類虛有形式的人，卻大賺特賺。因此，日本的年輕人當然會認為，現在日本的資訊情報有助於物質體系的發展，而且資訊情報的進步絕對比物質體系好得太多了。若要利用資訊情報體系控制物質體系，最快的方法就是咒術，所以年輕人也就對占卜算命等趨之若鶩了。

這其中出現的第三次宗教熱潮，則和第二次宗教熱潮有著本質上的不同。第三次宗教熱潮的特徵可歸納成以下兩點。第一，是密宗教派的出現，也就是占卜性密宗教派的興起。第二，則是有許多小型宗教的出現，而這些小宗教又不接受大宗派的吸收。也就是進入了個人宗教興起的時代，大家都有「我也可以當教主」的觀念。在如此的環境影響之下，被賦予極度附加價值的宗教，以及被當作資訊產業的宗教占卜不斷興起，人人當教祖的病態小型宗教也不斷出現，這些現象都可說是今日社會所潛在的重大危險。

四、從問卷調查中得知新宗教的特徵

在此針對新宗教的問題，做一說明與解釋。日本的新宗教是有所區分的。從幕末時代到明治二十年左右，有天理教、金光教、黑住教的出現。而明治末期開始到大正十年則有大本教、天理本道的興起。而大正末年到昭和十年左右，可以看到靈友會、妙法寺、生長之家的成立。

宗教學家西山茂，就將過去十多年來所盛行發展的新型態宗教與以往的新宗教做一區隔，提出擬似宗教與新新宗教的說法。所謂擬似宗教就像實踐倫理宏正會一樣，並不強調神明的存在、也沒有特別的膜拜對象，只是主張心靈改革就能夠改變一切，提倡類似宇宙法則的半宗教性倫理運動，其中所包含的宗教性已經相當薄弱，反而加入精神性及哲學性的理念。此外，在許多被稱為新新宗教的組織中，末日聖徒耶穌基督教會（摩門教）是比較具有代表性的，其特徵則是期待「世界的終點」或「千年王國」的來臨，提高根本主義意義體制的忠誠度，同時積極採取各項活動。此外，還有世界基督教統一神靈教會（原理研究會）、起源於東亞的基督教派的宗教、神靈教、阿含宗（桐山密教）、世界真光文明教團等，都富有濃厚玄學咒術色彩的神秘主義，簡單的說，這些教派都相當強調占卜性的靈異現象或神秘儀式的奇蹟。

就精神醫學的立場來說，這些新宗教或新新宗教都和臨床有極大的關係。筆者曾經以日本關東地方的精神病院為對象，進行一問卷調查。其主要內容是從去年度開始，以關東地區的精神病院為調查對象，設定門診或住院中的病患，是否有因宗教關係而使病症惡化的現象等問題，進行問卷調查。而答案為經常有或有的部份，再加入具體寫出宗教派名的項目。所得到的調查結果顯示，神道中的「真光教」、「靈波之光教會」，佛教系的「創價學會」、「靈友會」，以及基督教的「眺望之塔」等，都是榜上有名。而相反的，在是否有病患因信仰而痊癒或改善症狀的問題中，卻是否定的回答居多。就調查結果可以看出新宗教對個人心性的強烈影響及其成效。

接下來，就列舉幾項有趣的結果。這是針對在茨城設立支部的某教團所做的調查。或許有些人會認為回答率不高，不足採信，但是其中還是具有相當值得參考的部份。

一、是否有因為罹患心理或身體疾病的病患，因為疾病纏身的緣故加入信教的行列？

(1)經常　9教團(45%)

(2)有時候　7教團(35%)

(3)很少　5教團(25%)

(4)沒有　0教團

由此一結果可知，因為疾病而加入信教行列的患者不在少數。

二、就精神障礙及身心症的原因，教團有何看法？

(1)腦的機能有問題　7教團(35%)

(2)個人的心態有問題　16教團(80%)

(3)家庭或社會環境有問題　16教團(80%)

(4)與心靈或惡魔的影響有關　3教團(15%)

(5)前世因緣果報或業障的結果　3教團(15%)

事實上，除了日本神社教團之外，所有的教團都選擇了(2)或(3)，也就是說個人的心理狀態及家庭或社會環境的因素，才是精神障礙的主因，教團方面也非常重視心理及環境的問題。而選擇了(4)或(5)的，則只有日本神社教團、生長之家、天理教而已。不過，此三教團也同時選擇了(1)，否定了精神病是由於心靈或前世因果所產生的疾病，反而強調其只是腦部問題的說法。就此方面而言，新興宗教的選擇還是比較現代化的。

三、上一個問題選擇(4)或(5)的人請回答。

(1)生病原因是因疾病而異　2教團

(2)生病原因都一樣，不因疾病而異　1教團

這個問題中，回答(1)的是天理教及生長之家。

四、對於心理有病的患者，給予如何的指導？

(1)勸他去找精神科醫師　5教團(25%)

(2)一邊接受精神科醫師治療，一邊接受宗教信仰的治療　15教團(75%)

(3)接受宗教信仰的治療　5教團(25%)

有關此一問題，其結果和預期中的一樣，選擇(2)的教團可以說是壓倒性的多。選擇(1)的只有三個組織團體，也就是建長寺、臨濟宗圓覺寺、淨土真宗本院寺派而已。而選擇答案(3)的則有五個教團，但是這五個教團均在第五項問題中選擇答案(2)，也就是教團本身對於治療方法並不堅持該由精神科醫師或信仰來執行。

五、對於病患開始服用精神科醫師的處方，有何看法？

(1)勸病患繼續服藥　12教團(60%)

(2)隨病患自己的意思　11教團(55%)

(3)勸病患停止服藥　2教團(10%)

在本項問題中，選擇(3)的是本山修驗宗，而回答(1)和(2)教團幾乎一樣多。但非常奇怪的是，有教團同時選擇(2)和(3)的隨病患自己的意思及停止服藥。

六、是否曾有因病患的心靈疾病而和精神科醫師討論的經驗？

(1)有　6教團(30%)

(2)沒有　14教團(70%)

雖然回答「沒有」的教團居多，但是回答「有」的教團中，「醫師採取合作態度」的例子有三個，而「醫師採取否定態度」的例子為零，「協助醫師一同進行治療」的例子只有兩個。

七、貴教團是否有關係較好的醫院？

有四個教團的回答是肯定的。而其中雖然有一教團指出「精神科醫師是根據教義進行治療」，但是大部分教團也承認精神科醫師的治療都是和教義毫無關係的。

八、如果有自稱受到狐仙或惡魔附身的人士或家族，希望教團幫忙驅邪時，教團方面採取如何的應對？

(1)為驅邪舉辦特別儀式　1教團(5%)

(2)為了讓病患或家人安心而舉行儀式　5教團(25%)

(3)其他　14教團(70%)

在(3)其他的項目中，可以看到各種答案。在近五年來希望藉由宗教或信仰的力量達到治療心理疾病的例子，可以說是各教團都不斷增加，回答沒有這樣事例的則有日本神社教團、真言宗豐山派、淨土真宗高田派等。

其實，各宗教都有其特徵。如基督教系的教團就一直不否定信仰治療心理疾病的力量，但是那只是藉由祈禱而削除不安的情緒，使精神得到安定的效果。並不是由於奇蹟或顯靈的作用。此外，禪宗的宗派也主張，能夠藉由信仰的力量所治癒的心靈疾病，大概只有精神性不安或輕度的憂慮症而已，而其主要的治癒原因也是因為坐禪的影響，並非神蹟。而淨土真宗系的宗派則指稱，過去並沒有因信仰而治癒疾病的例子。這可能是因為該宗教主張來世概念的教義所產生的影響，或者就是其根本否定奇蹟存在的事實吧。

五、信仰型態、組織與精神的關係

接下來，筆者就一般情況中，宗教和個人精神病理或社會的精神病理之間所產生的關係型態做一說明。在此以一公認信徒人數最多、影響力極大的某日蓮宗系的新宗教團體做一例子。

嚴格的來說，此一宗派並不算是新宗教。它是以日蓮宗的富士門流一派為基礎，所成立的僧侶宗團。以首位會長所提倡的創價哲學為根本，發展出獨自的神學體系。西山茂先生主張，該教團在一九六〇年代進行第二、三代會長的交接時，就脫離了以往的教義，而將宗教高度的制度化了。而其以往的教義，也就是膜拜因與大曼陀羅的神秘合一所得到的「日蓮牙齒」等咒物崇拜及玄學咒術等。此外，該教團也修正其教義的路線，慢慢修正了「國立戒壇論」或「他宗邪宗教論」等理論，停止了牽強附會的概念。

其實，該教團的教義修正過程已經反應在其精神醫療的態度上，也就是說在一九六二年至一九六四年之間，針對該宗派的精神障礙信徒所作的病理學調查中，就已經出現了病患與其教義、信仰型態、組織之間的明顯特徵。簡單的說，並不是該宗派的信徒中罹患精神障礙的人特別多，或是這些病症都是由於信仰所引起的，但是在各人的病症上卻有相當明顯的特徵。當時，該宗派具有日蓮的傳統教義，強調徹底的善惡二極論，還有非寬容性及強迫祈禱的特色，認為信徒在修佛途中，一定會遭受到「魔」的妨礙和迫害，而受到迫害與否也成了信仰真理的證明。此外，對於「魔」的處置態度，也因為自認日蓮是「末法本佛」，所以具有濃厚的神教人格色彩。也因為這種種的教義影響，當時該教團的病患，都具有以下的特徵。

由於強迫祈禱或與其他宗派的鬥爭，甚至於捨棄以往祖先牌位神壇的作法，使得病患本身與周遭發生衝突，因而造成病患的心理反應，或呈現抑鬱的狀態，隨後也就開始認為周圍的人都在談論自己等被害妄想的症狀。

原本，由於內在或環境的因素呈現不安狀態，或經由長時間的祈禱、參拜呈現集團性陶醉狀態者，稱之為祈禱性精神病。而通常幻覺或妄想、錯亂狀態等會引起內在性精神病，但是，日本主張森田療法的森田教授認為，未能觀察其過程時，無法鑑定這些附身狀態、錯亂狀態或幻覺妄想狀態是否為精神病。當該教團的信徒出現了上述的狀態時，不管是精神分裂症、非定型精神病，或是酒精、毒品中毒所引起的幻覺妄想狀態，其主要特徵就是自稱是四條金吾神轉世，或是本尊佔據自己的頭部下達命令等，認為「魔」已經進入了自己的腦中，所以「魔」佔據了自己、胡作非為，自己的行動全都是「魔」的指示。

這種惡魔附身的病症可以說中世紀歐洲的代表性宗教病態。而在日本往往都是狐仙附身的情形，很少出現惡魔的觀念。但是，在調查的十年之後，筑波大學社會醫學系講師佐藤親次先生的調查中，該宗教具有精神障礙的信徒中，每二十個案例就有一個自稱具有「魔」附身的經驗。而病患所說的「魔」，往往就是「惡靈」。特別是聽到超越存在的聲音時，大都是聽到過去「名譽會長」的聲音等等，可以說是和現實非常接近的例子。簡單的說，對該教團的信徒而言，教義上的日蓮或「魔」的影響力還遠不及英雄式教祖的存在呢。

此外，有時候幻覺中還會出現與教義無關的皇大神宮、神明、靈魂、日本天皇等存在。相信這些例子足以證明該宗教已經在具有民俗心性的日本人心中，享有頗重要的地位了。

另一方面，該宗教團體內部也有精神科醫師，提倡「以信仰治療疾病」的理論，所以導致後來教團正常化的腳步。筆者雖然認為這是誇大性的正常化，但是無可厚非的，日本有很多團體本身由於擴展太快的關係，教義也都變得誇張不實。根據筆者觀察的結果，新宗教的發展過程大概就只有是一種情形而已。在一開始的時候，由一位可能有精神病的教祖提出創教理念。然後便有許多性格無法適應當時社會的群眾成為信徒，但是隨著信徒的增加，慢慢產生與周遭社會的衝突，在這中間教祖往往就換人了，大學宗教系畢業、具有和藹可親態度的人就接手成了第二代教祖。而教祖身邊的幹部也開始都是由東京大學畢業、具有管理能力的人接替，宗教也在社會中，慢慢的體制化。在國外，成為偉大的教祖領袖之後便跳出來獨自坐在中間，而日本卻以教祖為中心，周遭幹部則呈現圓環狀排列的傾向。這可以說是日本的一大特徵吧。

六、新宗教與「治療的實際狀況」

而有關新宗教治療行為的狀況又是如何呢？一般來說，對於宗教（特別是與宗派有關）精神性、身體性疾病的治療方法，可以分為五種基本情況。

(1)完全無法說明，也就是奇蹟出現。姑且不論其真實性與否，實際上還是有其可能性。

(2)舉行祈禱或玄學咒術儀式等象徵性的治療行為，排除病患的不安，除去不安或泛適應症候群的原因，脫離疾病的惡性循環。簡單的說，人類心中的不安會影響荷爾蒙及自律神經的作用，反而使疾病更加嚴重，藉由祈禱等行為，消除不安、切斷身心互相影響的惡性循環。

(3)採取更積極的象徵性治療行為，利用超越存在或病患信仰宗教的心理，鼓舞病患的生命力。

(4)利用教祖、傳教士的感化力，以及信徒之間互相交談，達到協商諮詢的目的。

(5)信仰共同體的組織在現實上，對病患表示大力支持，增強病患的安全感。簡單的說，讓病患能夠感覺到組織的支持與其他信徒的關心。通常這些病患，特別是具有精神障礙疾病的信徒，都在教團中被認為具有靈異能力，廣受其他信徒的關心，也因此能夠重新找到一個適應生存的空間。即使在普通社會中無法適應，但是在宗派、教團中，也能夠適應得宜。令人不可思議的是，病患的病情往往也因此而不再惡化，甚至有些病患還能夠晉升到教祖的地位。不過，當然還是有人自始至終都只是病人而已。

事實上，在筆者的病人中，曾經有位大學生因為在涉谷車站前分傳單而被捕。在當時一九六五年代左右，便自創了一新興宗教。他自稱為星神彬克，在車站前聚眾。結果當然是住院接受治療。根據他自己認為，日本沒有回教系宗教的存在，所以自己要創辦回教系的宗教，因為他是阿拉真神的義子。這位病患的想法早了二十年，否則要是在今日的社會，或許早已經聚眾成功，成為教祖了。

然而，日蓮宗系的新宗教之所以能夠快速發展的原因，正是因為有許多信徒表示，「從宗教中獲得生命力，原本不知自己來處的飄渺空虛感，因而得到充實，能夠確信自己的存在」。此外，宗派提供了信徒生活的目標與實現社會參與感的機會。簡單的說，日本在第二次世界大戰之後的民主主義機構中，以教團關係提供信徒參與社會活動機會的形式，逐漸發展宗教的勢力。但是，在日本的基督教及馬克斯主義的傳道卻是毫無成效，特別是在明治時代，更是一無所成。事實上，當時日本最優秀的人才致力傳教、散布思想，而外國的教會及信徒也在經濟上給予大力協助，但是反觀現今日本基督教所佔有的宗教比例，卻遠不及一巨大的新宗教團體。當然，正統基督教會不願意將信徒人數灌水也是一大原因。

而除此之外，還有另一原因值得考量。有關這一點，日本的馬克斯主義也有同樣的問題。雖然有非常優秀的人才全力投入散布思想的工作，但是現在信奉馬克斯主義的國家議員，卻是寥寥無幾。甚至隸屬社會黨社會主義協會的議員、共產黨議員等全部加起來，還沒有新宗教系議員的人數多。就此一觀點來說，基督教與馬克斯主義的傳佈，可以說是一非常不符合經濟效益的作法。反觀新宗教的情形卻完全不同。新宗教在戰後的民主主義機構中，產生了許多議員。昨天還是沒沒無聞的平民，今天卻成了國會的議員，而得到「名」之後，接下來所追求的當然就是「利益」了。

東京都立墨東病院精神科的熊倉徹雄院長，十五年前任職於東京西北部的私立醫院時，曾經針對精神分裂症病患，進行一研究調查。結果發現這些病患中，有許多例子是屬於原本對宗教毫無興趣的類型，而一旦開始對宗教著迷之後，便會聽到神明聲音的幻覺。宗教出現在疾病症狀之時，往往也會描繪出病症中神明的形象。而在熊倉院長的調查中，卻出現了許多類似基督教的神明。也就是說，病患具有基督教系的觀念，在日本人的心目中，基督教的天父可以說是「最廣為人知的神」了。

曾經在電視上看過一非常低劣的搞笑節目「懺悔的房間」。劇中出現的搞笑神，也是扮成基督教系的神明形象。所以說，在日本人心目中，一提到神明就會聯想到基督教的神。但是，即使具有「最廣為人知的神」的形象，日本正統基督教系的宗教還是無法提升地位。因為正統的基督教系缺乏了本土及玄學咒術等要素。筆者認為，如果出現了具有玄學咒術要素的另類基督教團，也許就能夠獲得信徒的認同。二十多年前筆者就曾半開玩笑的要別人試試看，但最近倒真的看到了這樣的例子。

然而相反的，宗派或宗教信仰之所以會變成病症的原因，則可以考慮以下幾種可能性。一般來說，對於信仰的極度熱中會將人們帶到一非日常存在的境界。基本上，因為過度熱衷祈禱而導致祈禱性精神病或各種附身狀態的產生，使得精神病益加惡化，就是一到達非日常存在的最佳實例。祈禱、舞蹈或合唱等都具有精神兒童化的作用，會使得精神的一部份脫離自我統制，獨立運作。或者，也有人會藉由自我催眠的過程，達到脫離日常性的境界。隨著宗教性質的不同，教義灌輸給信徒罪孽、報應等觀念，進而強迫或支配信徒的觀念。而宗教指導者的偉大存在，更對信徒有著絕對的精神支配力。因此，可想而知，如果指導者本身具有疾病的要素，則會對信徒產生感應機制。雖然精神病不會直接傳染，但是卻可能會出現傳染性精神病。就如同ＡＩＤＳ愛滋病一樣。

愛滋病毒特別喜歡神經細胞。一旦感染，就可能會產生急性精神錯亂狀態，最後導致死亡。雖然不是所有的愛滋病毒都會立刻侵犯到神經細胞，正如同眾所週知的影星洛赫遜，感染後仍然保持相當正常的精神狀況。但是，如果這種具有感染性的精神病不斷發生，以後的情形就很難說了。而除此之外，一般精神病是不會傳染的。

不過，A的精神病症影響B行為的情況還是非常有可能的。舉例來說，獨裁的群眾運動中，群眾整體的表現就可以說是受到主導人的影響。但是，有更多的時候，在宗教性質或玄學咒術關聯的聚會中，都可以看到這樣的情況。或許有些基督教的人士會覺得，筆者的看法好像把宗教和玄學咒術一視同仁，完全不考慮其兩者的不同。但是，筆者只是就日本的宗教心理就事論事，身為精神科醫師，本來就不同於法律學者或宗教學者，只是就整體做一歸納大概的說明而已。因此，筆者要特別強調並不是不重視信仰與玄學咒術的差別，而是就日本的情況做一整體說明而已。

因此，也就會有根據感應而一起產生宗教妄想的病態團體的出現。其中最好的例子，就是一九八八年七月所發生的日本神奈川縣事件。原本從事於護士工作的妻子，將音樂家的丈夫殺害分屍。經過上智大學福島章教授的鑑定，涉案的男性主謀者原來患有癲癇病症，而且是精神運動性癲癇症，病症發作時產生幻覺，進而影響共犯的女性，一起捲入其中。雖然案件中只有三個人，但是事實上被害人也捲入主謀者的精神狀態中，三個人成為一小型的宗教共同體。雖然覺得整個宗教充滿了詭異的感覺，但是現在社會中似乎也很常見。

除了日本之外，在美國也可以看到非常典型的例子。起源於一九七〇年代的洛杉機、舊金山一帶的某宗派，突然全體移動到美國中部的密林中，全部集體自殺的事件就是一實例。其主事者的瓊斯事實上是一名迷幻藥毒癮者。看似具有精神分裂症的徵兆，體驗世界沒落無依的感覺，但事實上卻不是真正的精神分裂症病患。由於迷幻藥所導致的精神異常，產生了世界即將毀滅的妄想，進而影響信徒，正巧在這時候，美國的調查團來訪，更加重了大家的妄想，以為世界將滅亡，最後集體喝下氰化物，一起自殺。

然而，即使不至於發生集體自殺的悲劇，指導者為了滿足個人的私慾、性慾或權力慾，也會利用集體妄想的作用。特別是教團或教派控制了信徒心理狀態、轉而和社會的某些部份對立時，信徒往往會產生夾在兩者之間的混亂情況，導致家族及社會或家族與教團之間的破裂。

有關於這些情況的利弊關係，相信新宗教已經掌握得非常確實。而在這些宗派中，處於教祖或其身邊幹部位子的人，一旦擁有個人英雄式的地位，特別是以「擁護真理」自居的團體，若是與社會的某部份發生對立時，也會產生集體的戰鬥能力。如果宗派慢慢形式化、教團化，雖可減低其危害程度，但是同樣的也會減少整體的活力。

以新宗教與傳統宗教相比，傳統宗教就好像是酒精，而新宗教則像是迷幻藥或大麻、強力膠之類的興奮劑。在傳統教團中，善惡之界非常明顯。大家對於教義的了解，相處的因應之道，都非常清楚。但是，新宗教卻不然。新宗教就像過強的興奮劑或強力膠一樣，根本不知道吃下去後會發生什麼事，而大家也不知道該如何應對。正如眾所週知，處處可得的強力膠常在第一次吸食時，就會產生幻覺。吸食強力膠產生幻覺的比例，遠高過於服用大麻或興奮劑。這已成為非常殘酷的犯罪原因。筆者所鑑定的病例中，殺害雙親的例子有兩件、殺害情人的例子有一件、濫殺無辜的例子則有兩件，由此可知都是些重大殺人案件。

因此，筆者呼籲傳統宗教的人士，為了國民整體的精神衛生，請更積極的投入活動，不要讓新宗教專美於前。

七、玄學信仰與其症狀

從信仰到玄學，就一般而言，信仰者拒絕以醫療的角度，來看宗教對於精神衛生的不良影響。特別是高等宗教，常常要求超越個人價值觀的現實，必須和歸依的對象合而為一，講究個人必須要重視倫理的存在。而在新宗教當中，雖然其價值觀基準較為特異，但是還是對於追求超越個人價值的理念，設有許多標準。原本，東洋的宗教大多具有心理療法的機能。若以追求個人解脫的心理療法的技術層面來看禪宗及瑜伽等宗派，則會發現日本的各宗派都具有現世利益的部份。而在上述的新宗教中，更增加了追求具有強烈咒術色彩的神秘主義、玄學的心靈現象、以及講究單純奇蹟的部份。

年輕一代大多認為宗教不值得採信，但是靈異能力確實存在。簡單的說，在資訊社會中，由於價值觀的多樣化、分極化，「由宗教達到超越個人價值的實現」與「超自然能力」已經不再被混為一談，大家都有以獲得「咒術超能力」為目標的傾向。在最近的精神科臨床上，經常會看到這種「赤裸裸的玄學」之病例。

最近，西山茂曾經提出一看法，認為宗教本身已經由「信」的宗教慢慢轉為「術」的宗教了。也就是從Credo的宗教轉換成Ars的宗教。許多人想藉由信仰宗教而得到某種超能力，而不再是追求簡單的現世利益而已。現在實施了健康保險制度，雖然減少了許多人對疾病的不安，但是在精神醫療的領域中，仍然還有很多無法解決的疾病，因為無法痊癒而使得大家依然仰賴宗教的力量。在身體方面的疾病已經不像以前一樣必須仰賴宗教的治療了。這其中不僅是醫學發達的結果，同時還有經濟面上的效益，到醫院找醫生治療反而比較便宜。筆者身為精神科醫師，進行一小時的精神治療也只有一千七百日圓的收入。當然，筆者或許不如新興宗教的教祖那般偉大，但是病患即使同樣付一千七百日圓，相信是得不到教祖治療的。因此，從生活面上可以得知，加入新興新新宗教的信仰動機，大概就是由於「貧」、「病」、「爭」等原因吧，然而「貧」與「病」的因素在現代社會中，已經能夠獲得相當程度的解決了，所以心靈的問題也就更顯得重要。在玄學系統的思考之中，希望能夠既快速又符合現世利益的解決心靈問題，當然宗教也對此做出同樣的回應，這也正是真言密宗教系的宗教之所以能夠擴展壯大的原因。其中包括了阿含宗、真如苑等等教派，特別是在過去十年來不斷成長，儼然成為一知名的教團了。

在此一趨勢之中，可看出其極具特徵的部份。在今日研究資訊產業、電腦軟體的技術者等社會尖端份子之中，有許多人都對密宗教系的新宗教抱持相當大的關心。高科技人才對於宗教信仰的關心可說是非常強烈。

接下來就舉三個病例，以供大家參考。

事例1 二十一歲的男性。學生。分裂病型人格障礙。所謂分裂病型人格障礙，並不是真正的分裂症，而是暫時顯示出分裂症病狀的疾病，也不會發展成真正的精神錯亂。筆者自己稱之為境界邊緣案例，簡單的說，就是無法斷言是否為分裂症的病例。而根據最近日本精神醫學講座所採用的「美國精神醫學會精神病患人數總統計手冊的第三期修正版（DSM－

III－γ）」當中的分類法，則稱之為分裂病型人格障礙。

事例1的男學生從十七歲開始對種種超乎自然的異常現象感到興趣，聯考前透過玄學靈異雜誌求助於靈能人士，希望決定應考的學校，但是最後還是聽取父親的建議，進入A大學的理學科系就讀。

但是，入學後卻幾乎天天蹺課，隔年再次求助於靈能人士，重考B大學。雖然考取了B大學，卻因為常在B大學的校園中，發現自己的分身同時出現在兩地、或有心電感應等異常現象發生，所以心生恐懼，不敢上學。雖然他在回到鄉下家中接受治療之後，情形總算有所改善，但是再也沒有力氣回B大學去上課了。之後，他累積了一些積蓄，花了不少錢向美國的靈異人士通信求助，在同一年秋天時，他卻突然跑到基督教會。原因是因為他在祈禱時看到耶穌基督出現，拍著自己的肩膀，說他已經沒有救了。這樣的幻覺症狀持續了兩三天，只是暫時的現象。第二年，他又報考C大學，而且是相當困難的學科。當時，筆者建議他繼續完成B大學的學業，雖然C大學比B大學容易考，但是重考一定就考不上了。然而，或許是由於筆者並沒有靈異能力，所以預言並沒有應驗，他考上了C大學，而現在也一邊上學、一邊接受治療。

這位病患是暫時性靈異現象的典型案例，其過程看不出有精神分裂症的病因。簡單的說，能夠不斷通過考試，考上大學可以說是無法判定為精神分裂症的最大理由。病患之所以能夠脫離對靈異現象的著迷，病態的基督教體驗或許佔有極大的影響吧。

事例 2 十八歲的男性。高中生。精神分裂症。雙親早已離婚，各自攜子再婚，家庭情況複雜。這位病患在高中三年級時，對同父異母妹妹的占卜撲克牌開始感到興趣。占卜撲克牌的作者自稱具有靈異能力，病患開始要求幫自己算命占卜，同時也對超自然現象產生極高的興趣。慢慢的，病患開始認為同父異母的妹妹是巫女，經常詛咒自己的存在，又認為妹妹假借朋友的聲音亂講話，因而在學校痛哭失聲，向朋友道歉。而最後則出現了拿小刀要殺害妹妹的異常行為，進而被送入醫院接受治療。而就醫生——也就是筆者，向占卜撲克牌的作者做進一步詢問時，作者卻表示最近有很多精神異常的人常打電話或寫信來問一些奇怪的問題，他自己本身也感到非常困擾。筆者要求這位作者給病患回信，告訴病患並沒有巫女的咒語之類的東西，但是卻沒有下文。

雖然在這個案例中，看起來筆者似乎只是以靈異性的解釋來判斷病患的經歷，但是年輕人在陷入精神危機時，往往都會以靈異巫術等方法來表現自己的不安及不適應。這可以說是一反應時代心靈風貌的傾向。

事例 3 男性。沒有工作。這個案例是由筑波大學社會醫學系講師佐藤親次先生的報告而來的。病患從高中一年級開始就不去上學，把自己關在房間之中。十八歲時，到父親的親戚家中，接受信仰真言密宗A教的叔父照顧。回家後，不但不再反抗母親，同時性格也開朗了許多。因此也繼續不斷的看一些A教的書籍。隔了一年之後，有一天他突然呼吸急促，向母親述說自己的心臟已經無法承受了。母親只好叫他到A教總部求救，但是他卻在A教櫃臺被趕回家。之後，病患開始會對打電話到家裡來的人大吼，責罵大家是惡魔，或是對過去父親行醫時的嬰兒標本大發牢騷，說這些嬰兒標本在黑暗中會發亮，感受到靈異之氣等等。這些症狀持續了三個多月之後，某天突然脫光了衣服到街上偷香煙，因而被送入醫院。

案例中所出現，自稱屬於真言密宗教系的新宗教，其會長最近出版了許多著作。其中包含了變身、超能力、守護靈、因緣果報、靈異業障等許多極為詭異的現象。這個教團的佈道方式比較特殊，大都是透過書籍、雜誌等平面媒體來進行佈道的工作。和以往新宗教的個人佈道型態大有不同。而其主要的訴求，則是以提升個人的想像力及智慧，改善人格或性格的缺點等求知識講聰明的方法為主。這種在佛家稱為虛空藏菩薩求聞持法，則是由空海高僧帶入日本國內的。

回顧空海（弘法大師）進入宗教世界的經歷，他原本是大學明經系的學生，在讀遍四書五經之後，卻發現藤原氏早已霸佔了官界的力量，而自己所屬的佐伯氏家族也毫無勢力，因而放棄宦途，潛入宗教領域。但是，其加入佛門的關鍵引子，卻是從他想學習記憶術而開始的。前面所提到的「虛空藏菩薩求聞持法」，事實上就是記憶術。傳授記憶術的人通常都是非常特異獨行的，在歐洲有位名叫佐爾丹布努諾的人，不斷提倡地動學說，因而在宗教裁判上引起軒然大波，隨後無法待在羅馬，只好到處傳授所謂的記憶術。但是，每次要傳授到有關記憶術的重要部份時，他就藉故逃脫，逃到其他地方去了。最後引起眾人之憤，將他抓出來繩之以法。不過，空海的情形卻有所不同。

空海真的修到了虛空藏菩薩求聞持法。空海在室戶峽的偏僻洞窟中，不斷的禱誦咒文，在飢餓狀態下長時間進行祈禱。根據他自己的說法，在祈禱中突然天地轟然大響，有顆明亮的星星進入了自己的體內。

筆者幾乎可以想像當時的情況，甚至可以知道如果記錄下他當時的腦波，會呈現怎樣的狀態。簡單的說，空海當時的意識狀態出現了急劇的變化。有人認為神秘體驗也是基於同樣的意識狀態之下所產生的，但是有位日本的心理學家佐久間鼎，卻將兩者分開討論，同時稱後者為「默照體驗」。而之後有位德國的心理學家 (Albrecht) 則稱之為「沈潛意識」(Versunkennaitsbewus)。而這到底是怎樣的一個狀態呢?·簡單的說，就是意識清楚，沒有睡著，但是卻對任何事物都毫無感覺和意識。大家都知道，坐禪的時候將兩眼半閉、進入無念無想的狀態時，看起來就好像睡著了一樣。但是，道元大師推翻了這種歪理，強調坐禪打坐是身心脫離物境，達到無念無想的境界，而不是讓人打瞌睡的藉口。

八、現代社會與新宗教的傾向

最近非常流行腦波研究的學問。常聽說坐禪或瑜伽能夠讓腦部產生α波，對宗教體驗、創造力、集中精神、消除壓力等都有很大的幫助。大家都知道，平常只要輕閉雙眼、保持在安靜的狀態，每一秒鐘腦波就會出現十個α波。而如果張開眼睛就會流過更快速的γ波或β波。相反的，如果想睡覺的時候，就會出現較為緩慢的θ波或δ波。然而，最近研究禪師或瑜伽大師，甚至武術行家腦波的風氣非常流行，結果顯示這些大師級的人物在眼睛張開的時候，也會出現α波。簡單的說，這些大師人物雖然有清楚的意識，但是卻不受周遭特定事物的影響。就好像半夜的電視機一樣，雖然是插著電源，開著電視，卻沒有任何畫面。就劍術來說，柳生但馬守或宮本武藏等有名的劍術家之所以能夠立於不敗之地，就是能夠清楚的掌握對手的動作，心情不受敵人的影響。

但是，身為精神科醫師卻忍不住想提出反駁。其實，就醫學上來說，還有另一種情形也會出現眼睛張開還會出現 α 波的狀態，就是頸部外傷症候群。當受到撞擊或因為頭部外傷所產生的後遺症，造成輕微的意識低下狀態時，張開雙眼也無法抑制彌漫性 α 波的出現。這樣說來，只要亂開車受到撞擊，就能夠達到和坐禪修行一樣的效果嗎？這種解釋也未免太不合理了。簡單的說，如果不是因為外傷或疾病的影響，能夠達到隨意控制 α 波出現的狀態，才是真正困難的地方。也就是說，自己能夠控制自己的意識，讓自己輕微的降低意識，但是卻保持在清醒不打瞌睡、不過度興奮的狀態，同時還能夠重複演練、不斷修行，就有可能達到「意識清楚、卻不受外界事物影響」的境界。也就是腦中呈現白紙的狀態。而在這種情形之下所看到的經文或事物的構造，都可能會直接記錄在腦中。

空海最重要的能力就是在中國看到許多佛教的儀式作法。他把不動明王及孔雀明王的作法全部牢記在心，正是他成為無人能比的大智者的祕密之一。而他另外一個倍受尊崇的超能力，就是建設萬濃池堤防的土木技術才能。相信這一點也和前述的能力有著極大的關聯，看到地形之後就能夠直接繪製成土木建設的草稿。但是，正如前面所提到的，這種狀態是讓自己的腦部產生類似受到撞擊後的腦波，所以說這種狀態不但非常危險，而且很難控制。

但是，人類一直到少年時期或少女的思春期，都還能夠保有類似的能力。相信有很多人在小時候，很容易就能直接記住年表或教科書上的內容。但是，隨著年齡的增長，腦中雜念也越來越多，因而失去了這種能力。筆者在國小五年級以前還可以記住，但是之後就記不住了。不過，有很多人經過訓練之後，便很快的就會恢復這種能力。阿含宗管長桐山靖雄先生就主張藉由訓練開發此一方面的能力，也因此密宗教系的新宗教信徒不斷增加。

但是，另外一點值得注意的是，新宗教所提倡的靈幻現象，有時候提供了精神分裂症病患或發病前潛伏病患一個非常好的藉口，足以說明病患們神經衰弱或病態症狀的現象。所以說，這一部份的宗教也成為出現病態的一個契機。

總而言之，由密宗教系所產生的新宗教，已經從「信」的宗教轉變為「咒」的宗教了。而其中的原因與信徒認知情況的變化有著極大的關係。

此外，針對現代宗教場面的特徵，大致可以做出以下的歸納。在第一次宗教熱潮與第二次宗教熱潮的時候，隨著某一新宗教的不斷擴大，其他的小宗教都會被吸收，最後只有幾個宗教會像滾雪球似的越來越大。但是現在的情況卻不然。密宗系的新宗教再怎麼壯大，還是有一定的極限。既然新宗教主要是宣傳靈異能力的功效，所以教祖的存在就變得非常重要。剔除了指導者靈異能力之後的密宗教系新宗派，是無法如同現在一樣繼續存在下去的。而根據新宗教團體的說法，他們自己也沒有想到要擴展成為百萬信徒的大型宗教。因此，在現在的社會中，不但存在著許多的小型宗教團體，同時也看不出有被大宗教併吞的傾向。

在第一次及第二次宗教熱潮發生之時，當時年輕人所具有的基本社會性格——當然也包括了當時日本年輕人——是屬於精神科醫師所說的「前憂鬱症性格」，也就是到了中年以後就很容易得到憂鬱症的性格。這和九州大學的下田光造教授所提出的「執著個性」學說非常相近，但是在英美等國的精神科醫師卻不認為這種情況有任何問題。而在一九五七年，德國有一位精神科醫師 Tellenbach, H. 也提出類似的學說。筆者認為德國人和日本人都具有較為嚴謹的民族性，凡事按部就班、對工作充滿狂熱、講究紀律、一板一眼。而其中唯一的差別是德國人屬於比較主動積極型，日本人則是比較被動型的。事實上，根據研究具有這種嚴謹個性者的宗教觀，通常也是希望自己能夠加入較大型的宗教團體，然後藉由團體中的階層秩序，慢慢往上爬升。

這也正是大型宗教最吸引人的好處。在現代日本社會中，有許多人在大學考試或找工作進入社會、甚至公司內部升遷方面等人生關卡上，都受到許多挫折，這些挫折或許是因為運氣不好，或許是有其他的原因，總之人生的不順遂也影響到每一個人的價值觀。在第二次世界大戰以前的日本社會，對於未來的出路可以說有許多管道。除了一般正常的升學管道之外，還有陸軍士官學校、海軍學校、師範學校、醫學專門學校，甚至還可以藉由資格檢定考試就能成為醫師。在進入舊制高中之前，也有許多其他的檢定考試可以得到同等學歷。而且，以往地主的兒子即使不上學、只有小學畢業，也可以繼承家業，在社會上有自己發揮的空間。然而，在二次大戰之後，日本社會以東京大學為最高學府的階層秩序概念受到普遍的重視，也就造成無法在此一制度中獲得成功者的自暴自棄。而且，講究學歷的考試制度在形式上看起來似乎非常平等，所以失敗的人也無法怪罪於別人。在這種狀況之下，一開始日本的革新政黨及勞動工會等，也曾企圖提供成功的另一管道，不受限於一般學歷至上的觀念。但是，久而久之，即使在最有組織的革新政黨中，還是只有東京大學畢業的人才有晉升成為高層幹部的機會。許多勞工出身的藍領階級一開始就被排除在晉升管道之外。此時，大型的新宗教團體則提供了另一個成功的社會管道。所以，就此意義而言，大型新宗教所扮演的角色非常重要。

雖然最近有許多大型新宗教也慢慢的開始官僚化，採用許多高學歷的人才。但是，在現今的第三次宗教熱潮中加入新宗教的學生們，根本沒有想過要利用組織中的階層概念往上爬。學生們的想法非常單純，他們只是覺得自己信仰一個別人不知道的小宗教，同時學習某種靈異能力等，是一件非常「酷」的事。

筆者曾經聽過一個女大學生很驕傲的述說自己供養嬰靈的事，雖然感到非常的驚訝，但是當事者卻認為是非常復古的潮流。簡單的說，現代日本年輕人的社會性格已經由以往的嚴謹轉變成只愛自己的自我主義了。所謂的只愛自己，當然也包括了喜歡受到大家的寵愛，但是這種人卻無法同樣的付出愛去愛別人，也就是失去了愛的能力。然而在現代的社會中，這種喜歡受到注目、喜歡特異獨行、喜歡與眾不同的新新人類卻越來越多了。美國精神分析學者克里斯多福稱之為「自戀的時代」，也就是具有自戀人格的人不斷的增加。除此之外，無法訂定自己人生目標的年輕人也有越來越多的趨勢。年輕人無法認清自己的定位，找不到真正的人生目標。這種在邊緣猶疑的人格與自戀的傾向，可以說是現代年輕人最典型的性格特徵。

所謂的青鳥症候群等都可以說是邊界猶疑人格的典型例子。而具有這些特徵的年輕人會爭相加入新宗教團體，當然也是因為這些新宗教能夠充分滿足他們的需求。不過，對這些自戀又猶疑的年輕人而言，對宗教完全付出的態度卻一點也不「酷」。因此，他們即使加入宗教團體，也不是全心全意的付出，只是有時候參加一些宗教活動，或者為了獲得靈異能力加入教團而已，簡單的說，就是把宗教當作自己所參加的眾多社會社團當中的一部份而已。也就是說即使連宗教都進入了「自我宗教」的時代，就某些層面而言，也就是「我也可當教祖」的時代。

「我也可當教祖」最典型的例子，就是去年在日本發生的「真理之友」事件。在此一事件中，有一非常值得注意的現象，也就是前面所提到的宗教小型化的問題。而另一個值得思考的，就是其融合了多方理論的教義，甚至將基督教的耶和華列入崇拜的對象之中。這也正是前面所提到的，日本終於也發展出屬於自己本土化的基督教系新宗教了。

此外，該事件最後也是以集團自殺的形式收場，也是另外一個重點。由於病態教祖的感應機制影響，最後討論到終結論等意識型態的問題，進而演變成集體自殺的悲劇。正如前述第一點所提到的小型化問題，該宗教的發生地是在日本和歌山縣的小村落，起源於當地幾個少數家庭。筆者感到非常驚訝的是，被認為應該屬於反叛期的年輕少女們，竟然非常死心蹋地的擁護教祖，還把自己的薪水全數奉獻，以供養教祖所需。而這七個少女都有令人稱羨的正當職業，不是在銀行就是在公家機關，大家一起過集團生活，要供養一個教祖應該不成問題，甚至存幾年錢之後，或許還可以蓋一座屬於自己的教堂。雖然，該教團號稱有一百二十多位信徒，但是實際上卻只有七十多人左右。而這也證明了前面所提的宗教小型化，只要有六、七十個人左右，也就構成了新宗教成立的最小單位了。

由此推論，少數具有疾病症兆的人也一樣能夠繼續立存於社會之中。有關於這一點，筆者認為有幾項理由足以做成合理的解釋。因為，就另一角度來說，即使有一部分人的生活意識和平常人不太一樣，也不必立刻送入精神病院隔離，簡單的說，這些人只要和同樣具有靈幻意識的人在一起，就能夠在同一價值觀中繼續生活了。此外，由於現代人權問題受到重視，所以日本的精神醫療衛生法也受到影響，要讓精神障礙患者住院並不是一件簡單的事。特別是牽扯到宗教問題時，更是難以解決。精神科醫師害怕媒體追究病患的人權或人身保護法的問題，會影響到醫院的名聲，更是人人求自保，不願多事。因此，即使具有疾病徵兆的教祖，還是很有可能繼續在社會上活動。或許就某些層面上來說，這可以說是精神障礙者繼續適應社會的新方法吧。

當然，筆者前面所提到的解釋，或許還算合理。但是唯一的問題是，新宗教並不像高等宗教一樣，具有提高倫理意識的使命感。例如非法的老鼠會活動，只要披上宗教團體的面紗，好像就不必負社會責任。如果要追究其民事或刑事上的責任，則必須在自己承認是以經濟活動為目的，而獲得現實利益的前提之下，才能加以定罪。但是，即使他們自承獲取經濟利益，只要一開始就是以宗教團體為名，還是無法追究其民事或刑事上的責任問題。

就現在的日本而言，宗教是具有極度附加價值的第四級產業。這完全不是開玩笑的說法。因為在第二次世界大戰之後，日本的宗教自由受到憲法的保障，所以宗教團體可以說是立於不敗的神聖領域。然而，筆者認為今後該如何促使宗教團體負起應有的社會責任，可以說是一非常重要的課題。雖然，在現在的現實環境中，幾乎不可能追究宗教的責任問題。但是，宗教本身就具有其社會責任的事實則是無法否認的。因此，筆者認為最重要的還是希望傳統宗教能夠恢復其良性部份的活力和自信，不拘泥於過去的教義，以更能夠吸引年輕人的佈道方式傳教，同時也克盡其原有的社會責任。

（筑波大學社會醫學系教授）

宗教與性

——坐禪與人類學

山折 哲雄

一、現代醫療與佛教的修行

在本章當中，將針對「宗教與性」方面的問題，作一說明。在「宗教與性」的聳動主題之下，又加上「坐禪與人類學」的副標題，實在很難想像其中的相互關係。或許有很多人會以為此一標題可能是指在坐禪中得到性靈上的滿足，再更上一層樓地達到宗教境界的領悟。但是，如果真有這樣的方法，筆者反倒願聞其詳。事實上，筆者所要說明的並不是如此高層次的問題，只是想藉此機會，在此提出過去的錯誤及人生經驗，給大家作一參考而已。

＊半飢餓狀態的體驗

事實上，截至五年前為止，筆者曾在日本仙台的東北大學文學部，進行宗教學方面的研究。雖然為時不長，筆者在東北大學醫學部心療內科鈴木仁一教授的研究室中，學習到許多寶貴的知識與經驗。在現今的醫學界中，心療內科可以說是一屬於冷門的學問，鈴木教授孤軍奮鬥，在研究工作方面不遺餘力的態度，實在讓筆者感佩萬分。有許多在一般內科或外科無法治療的病患，往往最後都轉到心療內科就診，所以鈴木教授的病人非常多。對於這些最後求助無門的病人，教授都竭盡全力，費盡心思，加以治療。

筆者之所以加入鈴木教授的研究室，主要是對於教授的治療方法感到非常有趣。教授一方面活用現代的醫學技術加以治療，同時又利用傳統佛教的各種修行方法等予以配合。簡單的說，筆者就是對於結合現代醫學與傳統佛教修行方法的治療方式感到興趣。其中，教授最為推崇的便是絕食療法。教授認為在身心障礙的治療過程中，絕食療法可以提高治療的效果。而此一方法同時也是過去東北大學醫學部所曾經採用治療身心症的方法之一。過去，治療女性歇斯底里的病症時，便經常採用絕食療法。在絕食四、五天之後，給予病患施予暗示作用，對於歇斯底里病症的治療，曾有相當良好的效果。而獲得治癒的機率高達百分之六十以上。

鈴木教授將此一治療歇斯底里病症的絕食法，繼續利用在治療身心障礙的病患身上。絕食的時間大約在七天到十天左右。而進入真正的絕食期間之前，則必須有一星期的準備期間。而在絕食期結束之後回到一般狀態之前，也必須給予一個禮拜左右的緩衝期。所以，就整個絕食治療過程來說，大約要歷時一個月的時間住院治療。

而鈴木教授並不只有執著於絕食療法，有時他也會利用抄經書、念經甚至做禮拜、坐禪等方法進行治療活動。簡單的說，絕食療法對於有些病患極為有效，但是也有部分病人並無明顯功效。有效與否關係到許多病情細微的情況，而在進行治療的過程中，亦會同時利用抄寫經書或冥想等活動，進行多方的指導治療。

然而，筆者本身之所以對絕食療法產生興趣，是有許多理由的。其中之一與筆者個人健康有著極大的關係。筆者從小就是過敏性體質。小學的時候，幾乎每兩個月氣喘病就會發作一次。每次發作都要在病床上躺個一星期左右。由於經常打針吃藥的關係，使得腸胃非常的不好。到了大學畢業的時候，便得了十二指腸潰瘍，切除了三分之二的胃。之後，更深受慢性消化不良和腹瀉之苦長達數十年。

由於近代醫學的進步，輕度的胃潰瘍或十二指腸潰瘍根本就不需要開刀，但是在以前的時代，只要一有問題，往往馬上就要動手術割掉。而醫生本身也很喜歡開刀似的。正如大家所知，動完手術之後，必須有一個星期左右的斷食生活，只能靠點滴維持生命。而過了一個星期之後，才能慢慢的從稀飯之類的流質食物開始進食。當時，在動完手術之後，斷食的半飢餓狀態中，筆者的感覺變得非常敏銳。由於完全不能夠吃東西，嗅覺就變得非常敏感。所以只要有人在外面吃東西，即使是在走廊的遠處，也可以清楚的聞到食物的味道。特別在經過兩三天之後，聽覺也變得更加敏銳。然後是觸覺……。最後，整個人的感覺器官似乎都得到充分活化的體驗。當時，筆者便想到這樣的變化或許是和斷食、限制食量等有極大的關係。

由於當時年紀還輕，筆者對於手術後的體驗，也就僅此為止。而後來筆者到東京，也大概是在十七、八年前。某天筆者和學生一起喝酒聊天時，大約喝了四、五瓶酒之後，筆者突然吐血不支倒地。大約吐了半水桶的血之後，終於被救護車送往醫院急救。其後住院約有三個月的時間。主要是因為以前經過胃部切除手術之後，還不知節制的喝酒，以至舊疾復發。再度住院時也接受了十天左右的點滴，完全無法進食。當時也和年輕時候所體驗的一樣，再次感受到五官的感覺變得非常敏銳。而這一次筆者清楚的記錄下每天感覺的變化過程。所以，便更能夠體會到意識逐漸變得敏銳鮮明的整體過程，也更能夠掌握到其中的細節。特別是對於味道及聲音的變化，也就是嗅覺及聽覺更是非常敏感。而平常覺得很累人的事情，在這期間也覺得能夠勝任愉快。尤其在病床上的飢餓狀態中思考許多事情時，更感覺到可以想得很遠，思緒也更加縝密似的。或許這只是一種錯覺而已。但是，筆者認為即使是錯覺，在斷食狀態中所感受到的變化，卻是非常有趣的經驗。

此外，還有一項理由讓筆者對於斷食療法感到興趣。在筆者舊疾復發，吐血倒地之際，眼前好像出現了五彩繽紛的流星雨似的，充滿了萬紫千紅的影像，隨後筆者便失去了知覺。但是，筆者當時只覺得，即使就這樣死了也無所謂吧。在吐血、暈厥的瞬間，筆者看到繽紛美麗的影像，好像要被牽引到另外一個世界去，一點都沒有不舒服的感覺。或許這種感覺是由於身體正受到吐血的危機，所以在精神上才會產生這些奇妙的變化吧。的確，就科學的角度而言，這些感覺或許來自部分的幻覺或幻聽的因素，但是筆者認為，肉體上的現象並不是能夠就某些簡單的理由便可以解釋的。或許每個人對自身的身體，都應該作一徹底的研究才是。

*以往修行者的臨終經驗

先前提到的都是筆者對於鈴木教授的絕食療法感到興趣的理由。事實上，還有另外一個宗教方面的原因。筆者從學生時代開始，就不斷研究印度哲學與日本的宗教。從研究的過程中，獲知從古代到中世紀之間，有很多往生經驗的記錄被寫成「往生傳」而保留下來。在當時，不論有名與否，都有很多的出家人到深山修行。除了有淨土派、法華派或禪派的修行者之外，就連代表性的舊佛教派也盛行深山修行一事。在當時風氣的流行之下，可以說各家各派的修行者都不能例外。而這些修行者進到山中修行，不斷重複念經、做禮拜、到瀑布下接受水柱衝擊等各項修行磨練。到最後面對「臨終」時，也就是所謂的「往生」。

出家人面臨人生最後階段的「往生」時，大部分的出家人都會選擇「斷食」的做法。在過去眾多「往生傳」中，由當時的下層貴族慶滋保胤所編輯的《日本往生極樂記》可以說是非常有名的作品之一。這位編者本來是位文人，但是由於身份階層隸屬下階，所以無法躋身當時的政治圈。因而到比叡山修行名士源信的門下出家，改名為寂心。而源信就是撰寫《往生要集》來闡述淨土派思想的有名作者。

源信可以說是日本佛教中，提倡看護角色的先知。在源信的《往生要集》當中，曾經提到厭離穢土、欣求淨土——也就是捨棄像地獄般的現世，追求極樂、無染世界的觀念。相信有許多人也曾有所耳聞。此外，在日本古代文學作品《源氏物語》的〈宇治十帖〉中，曾經提到同時為兩位男子的愛情所困，企圖投河自殺的浮舟公主的故事，據說當時故事中救起浮舟公主的人物「橫川之僧」，其實就是以源信作為描寫依據的。此外，傳說源信也是京都宇治平等院淨土教派中，美術、建築等計劃的起創人。由此可見，源信對於古代末期、中世紀的日本淨土教思想、信仰、美術、建築等各方面都具有非常遠大的影響力，可以說是非常了不起的宗教大師。

而源信在晚年時，召集了二十五名念佛修行人，組成以念佛為目的的「二十五三昧會」（二十五人會之意）。而此一組織在每個月的十五日，也就是滿月的夜晚，聚集在一起，徹夜誦經念佛一直到天明。後來，聚會中有成員臥病，所剩時日也不多了，每天便有其他兩位成員陪伴在旁，一起度過人生最後的時間。可說是名副其實二十四小時不眠不休的看病。其中細微悉心的照料過程，源信都記錄在《往生要集》的最後，同時加以討論。其中不但詳細記載了臨終之人的心路歷程，同時對於陪伴在旁看護的自處之道，都詳加討論。在以往的佛教歷史中，幾乎都不曾考慮過這方面的問題，所以，就日本傳統的佛教中看護角色而言，源信的貢獻可以說是非常重要的。

此外，在前面提到的慶滋保胤，入了源信門下改名為寂心之後，也成為此一念佛組織的成員之一。所以，正確的說，源信和寂心兩人可以說是日本佛教看護角色的開山始祖。

正如前述，當時在比叡山及高野山都有許多的修行者。所以，也有很多的修行者在修行過程中，面對到死亡的問題。保胤將這些人的故事集結成冊，無論他們有名與否，全都記錄成為傳記，也就是後來的《日本往生極樂記》。隨後，有很多高僧傳記及往生傳，都是根據《日本往生極樂記》的形式，加以記錄而成的。所以此書可說是一經典名作。

在這本書中，將某些特別有學問或具有特殊才能人物的傳記，加以分類記載。其中也記錄了一部份靈異經驗的故事。主要闡述經過極度嚴格修行的人，便能體驗到與普通人完全不同的往生經驗，大概是能夠感應到靈異或奇蹟等類似的感覺。筆者之所以感到興趣的，便是其中所記載的臨終場面。這些激烈的修行者或者到瀑布讓水柱沖打自己，或者朗誦經書、作禮拜、漫步山野等等，但是到了迎接死亡的最後一星期或十天前，非常不可思議的是大家一律都選擇了斷食的做法。簡單的說，也就是在從事了多種的修行之後，最後以斷食來作為總結。筆者對這樣的結果感到非常疑問。

前面也曾提到，筆者在第二次吐血住院時，雖然是被迫的，但是也斷食了一段時間。這段斷食的期間中，精神感受方面有了極大的變化。體驗到許多日常生活中無法體會的幻象。所以筆者以為，這種特殊的感覺或許是因為斷食的緣故。而後來偶然在鈴木教授的診療內科，又看到以絕食療法來治療許多心因性疾病的例子，更堅定了筆者認為古代中世紀修行者的體驗、自己手術後的斷食經驗、以及現代醫學的治療法等其三者之間有所關聯的想法。而筆者也開始以為，自己的身體或許就能成為最好的研究對象。

＊坐禪及蒲團太鼓

由於前述的原因，所以筆者對於坐禪及日本日蓮宗教派所提倡的蒲團太鼓、甚至印度的瑜伽等，都感到非常有興趣。

十年前筆者在駒澤大學任教時，曾經在某次教員研修課程中，到日本永平寺參加了三天的參禪活動。由於只有短短三天的時間，當然也不可能研修精闢的理論，只是每天早上四點鐘起床參加坐禪活動。當時，只覺得很愛睏、腳很痛、好累而已，結束了三天的修行活動，要離開永平寺之前，有一堂法學講座令筆者印象深刻。當時有位老師父說到：「坐禪是以定印為主，講的是入定，所以要把自己的心放在合掌之上，才是最重要的。」筆者感到老師父的談話，似懂非懂，無法了解其中真正的意義。不過，對於老師父最後所提每日打坐五分鐘的建議，倒是記得非常清楚。

所以，一直到今天，筆者仍然保持每天早上打坐的習慣。

雖然筆者每天早上打坐的時間只不過一炷香左右，但是現在覺得早上不打坐，就好像沒精神似的。而在短短的一炷香五十分鐘之間，心中百念繞轉，還是無法達到心無雜念的境界。或許持續一、二十年之後，能夠達到大師級無我的境界，然而每天不到一個小時的時間，實在所成有限。筆者的坐禪經驗，或許該說是與心中雜念或幻想一起天馬行空的意義比較大。就某些方面來說，筆者每天早上的坐禪，其實是為了面對自我心中的雜念，然而這樣的經驗卻也十分有趣。不過，對筆者而言，面對雜念之後的安眠熟睡，才是真正的收穫。簡單的說，在隨後坐車上班的車程中，反而非常容易入睡，也很少感到工作或生活上的精神壓力。筆者的坐禪經驗，也僅止於如此粗淺的程度而已。

此外，由於筆者在學生時代研讀印度哲學的緣故，所以經常到印度旅行、進行研究調查。當時，也在印度研究了些許有關瑜伽的學問。

在印度有一宗教，源自於日本日蓮宗分派的日本山妙法寺，至今仍持續古老的傳道活動。此一教派的信徒在印度各地建立寺廟，每天擊打蒲團太鼓、吟頌經書作為修行。有許多外國人對這樣的修行活動感到非常興趣，所以在修行的道場可以看到有許多世界各國人士參加坐禪修行。而此一教派的主要修行生活就是擊太鼓、頌《南無妙法蓮華經》及坐禪。筆者也曾經有一個星期的時間，參加該教的擊太鼓修行活動。分為早、午、晚三次，每天大約要擊鼓五個小時。如果想要達到無念無想、四大皆空的境界，擊鼓可謂一非常好的方法。在坐禪的時候常有許多雜念，無法達到無所想、無所思的地步，而擊太鼓卻能達到思緒真正靜空的目的。所以，這可以說是日本《法華經》信仰的一大特色。

一九三〇年代的超國家主義，可以說是結合了日蓮主義與法華經主義的政治思想。很容易使人陷入某種狂熱不自覺的狀態。但無論如何，擊打太鼓的行為可以說是該教相當重要的修行活動。而其所涉及的層次，可能又和藉由參禪冥想而達到獲得的宗教經驗有所不同。

二、「打坐」的意義及宗教體驗

事實上，在佛教的傳統中有各式各樣的修行體系，現在仍然帶給後世極大的影響，甚至於連現代醫學的治療方法也深受其益。然而，或許有人要問：在眾多的佛教修行中最基本的修行方法到底是什麼?筆者認為，追求佛教修行的基本，「打坐」應算是其根本所在。也因此，筆者對於打坐感到非常有興趣，同時也收集了許多相關的資料。進而發現一不可思議的現象：坐禪的體驗與性方面的體驗兩者之間，有著相當密切的關係。乍見之下毫不相關的兩個主題，竟然有所關聯，接下來就進一步說明其中的關係。

＊「打坐」文化的發想

以前，筆者曾經參加過曹洞宗教派的詩歌吟詠大會。曹洞宗教派提倡以詩歌吟詠作為引導信徒進入禪宗世界的方法。所以在吟詠大會上有來自全國各地的歌詠會成員參加，同時也藉機舉辦全國吟詠大賽。在大賽中，大約每二十人分為一組，每組按照順序上臺吟詠詩歌。參加成員大多是六、七十歲的老人，其中尤其以女性成員居多。上臺之前，筆者看到有許多老人由於行動不便，所以隊伍大多歪歪斜斜，幾乎不成行列。但是，一旦這些老人家真正上臺，跪坐著開始吟詠詩歌時，卻又姿勢端正、意氣風發，上半身保持非常優美的姿態。筆者以為，跪坐的優美姿態，其實是傳統文化的精華結果，所以對於日本跪坐的傳統文化有了更深一層的體認。雖然日本傳統跪坐和坐禪的方式有很大的不同，但是「跪坐」這個動作本身，不僅是一種控制精神狀態的身體技術而已，培育出「跪坐文化」的社會結構，其實也有相當大的關聯性。

如果將此一「跪坐文化」與歐洲社會做一比較，則又將有何異同呢?正如眾所週知，歐洲的教會中大都繪有耶穌基督的壁畫、或設有守護聖人等的雕像。但是仔細觀察這些雕像，幾乎清一色都是站姿。即使連聖母瑪利亞、耶穌基督等守護的聖人等也都是站立的姿勢。雖然說歐洲宗教藝術中，原本就沒有橫臥的姿勢，但是全部都是站姿，也可以說是相當例外的情形。因此，筆者認為歐洲文化是屬於直立的文化，或許也可稱之為步行的文化。

但是，如果到印度或東南亞旅行，則會發現情況完全不同。印度及東南亞地區是以佛教及印度教文化為中心，觀察其產生的宗教建築、宗教藝術，雖然不能說完全沒有立姿的佛像，但是在重要部份的佛像或神像幾乎都是以坐姿為主。

簡單的說，相對於基督教文化的「直立」，亞洲文化的「坐」就很自然的成為對照。平常，我們對於想像釋迦牟尼的立姿，還遠不及釋迦牟尼在菩提樹下開悟的坐像來得熟悉。而同樣的，在想像耶穌基督時，也是以釘在十字架上的立姿為主。當然，或許有人認為，基督釘在十字架上，雙腳沒有著地，嚴格的來說並不能稱為立姿。但是，就整體的印象來說，祂還是顯現了和垂直的世界有著密切的關係。而佛教中佛像的印象，則是屬於安坐於大地之上的水平世界。

走筆至此，筆者不禁想起曾經在美國的某本人類學雜誌上，刊登過一篇探討全世界各文化圈中，有關坐的習慣的分布研究論文。這本雜誌叫做《美國收集家》，是相當具有傳統及權威的學術性雜誌。在一九五五年版的第五十七期，一位名叫高頓修斯的人類學家，發表了以〈某個姿勢習慣的世界分布研究〉為題的論文。其中所研究的姿勢，則是指人類的姿勢。

論文中搜集整理了該姿勢習慣的世界分布狀況。

高頓修斯曾在數年前到日本各大學演講。該篇論文除了他到世界各地旅行時，所調查收集的資料之外，還參考了許多古代遊記、照片以及傳教士的報告記錄，最後經過整理統計的結果。其中，有很多有趣的事例。例如在埃及的某部落，休息時會將單腳舉起等等，非常有意思。

而提到「坐」的文化圈，則是以印度為中心，然後一直到東南亞等地都分布的非常密集。除此之外，中國南部及日本，也是非常重要的地區，還有非洲大陸的東海岸，以及美國大陸的北美到南美的西海岸等，甚至連大洋洲到太平洋等，都在其中。追溯源頭，應該都是受到印度文化的影響。但是，就整體來說，坐的文化還是以印度為中心。

這中間自然有許多因素，而筆者根據高頓的論文，提出了以下的假設，也就是以印度為中心的「坐的文化」可以分為兩個傳統系統。其一是瑜伽坐法的傳統，瑜伽其實是印度哲學的一派，稱為瑜伽哲學。而瑜伽最重要的就是要集中精神，為了達到集中精神的目的，便將雙腳以特殊的型態盤起後，進行冥想。這時候，調整呼吸也是非常重要的一環。坐法和呼吸法之間，具有密不可分的關係，而藉由這兩種方法達到精神統一的目的，進而進入頓悟的境界。這就是瑜伽宗教哲學的根本態度。而瑜伽這個詞起源於非常古老的時代，根據考古學家的挖掘調查顯示，大約在紀元前兩千年就有瑜伽的存在了。

而「坐的文化」的另一個系統，則是佛陀（布達）坐法的傳統。正如眾所週知，紀元前五百年左右，佛陀在菩提樹下冥想開悟，而當時的坐法就叫做結跏趺坐，也就是佛陀坐法。

所以，原本印度就有瑜伽及佛陀兩種坐法的傳統，而兩者之間各有其不同的宗教體驗，這才是筆者的研究重點。

＊瑜伽的打坐方法與「解脫」

然而，最早的瑜伽坐法到底是怎麼一回事呢？

首先必須說明其背景故事。大約在紀元前兩千年左右，恆河文明非常鼎盛，但最後終於沒落。至今仍殘留許多顯示當時文明的古物。其中，就有以瑜伽坐法坐著的女神像。古文明遺留的女神坐法，和後世的瑜伽坐法相當類似，就印度的宗教、哲學、文學等角度來看，瑜伽的體驗、瑜伽的冥想都佔有非常重要的部份。在研究瑜伽的坐法時，則必須考慮到其深遠的歷史背景。

而當時代進行到紀元前後時，人們開始對於瑜伽的力量統一精神的成果進行哲學性的思考及反省，這也造就了後來瑜伽哲學的成立。

到了紀元後十世紀時，瑜伽的身體論開始以追求不死及確保健康為課題，並積極討論實踐的可能。也因此，藉由瑜伽恢復健康或以瑜伽治病的意識也慢慢增強了。這可說是現代以健康及美容為目的的瑜伽術的起源。雖然，當時的瑜伽和宗教之間並非毫無關聯，但是強調的卻是瑜伽可以作為身心訓練法的一面。

既然瑜伽具有久遠的傳統，所以其坐法也有非常多的種類。現在有許多探討瑜伽的電視節目、瑜伽教室，甚至坊間還有許多相關書籍，相信大家也都相當熟悉，有些是很具規律性的擺動身體，而有些則是普通的體操中，完全無法想像的訓練方式。

而在各種瑜伽的姿勢中，最重要的坐法就是「完全坐法」。首先，彎腳坐在地面上，雙腳盡量完全張開，兩腳掌相對，用手把腳抓到會陰部位，也就是生殖器與肛門之間的部位，讓腳跟貼近會陰處。據說，會陰部位具有性的力量，也就是凝聚了動物性能量的部份，是人類肉體中最具獸性的地方，也是最官能的所在。將兩腳的腳跟靠近此一部位，無疑的是要藉此刺激人類獸性的官能感覺而進入冥想的境界。

在紀元十世紀左右成立的瑜伽又特別稱之為「哈達瑜伽」（「力之瑜伽」的意思）。在此之前，集中在身體會陰部位的動物能量已經受到重視，而稱之為「根達禮尼」，其真正的意思是指蛇捲曲成圈的姿勢。蛇本身是歡愉快感的象徵，也是人類慾望的根源。不管是怎麼樣的人，都有隻蜷曲的蛇存在於會陰的部份。只要刺激「根達禮尼」，身體中的動物能量就會慢慢上升，最後激發出來。而如果作法不當，就無法達到刺激的目的。所以，保持正確的姿勢及呼吸法，身體中的動物能量就會成直線狀態上升，而到達純粹、淨化的境界。

這些能量會通過許多身體中重要的部份，也稱之為生命中樞。首先，是在下腹部，然後到心臟。心臟是第二的生命中樞。隨後到喉、額，最後到達頭頂。也就是說，集中於身體下端的會陰部份的動物性能量，藉由冥想慢慢的穿過下腹部、心臟、喉、額、然後到達頭頂，穿過這些生命中樞，緩緩的淨化而上升。

在坐禪的時候，經常會提到臍下丹田要用力的道理。而站在瑜伽的立場，能量通過臍下丹田的部份時，還是不純的狀況，簡單的說也就是還具有動物性的要素。而這些能量在經過心臟、通過喉嚨之後，靠近額頭時就產生了變化。動物性能量變化成具有靈性的能量，也就是昇華作用，最後到達頭頂時，就已變化成完全的靈氣。這些靈化的能量最終會突破頭頂，朝宇宙飛去。在那決定性的一瞬間，也就是人類生命能量和宇宙根源能量合為一體的時候。這也正是瑜伽所說的解脫。也是一種極興奮的狀態。然而，佛教所說的解脫卻不相同。瑜伽認為人類的個人生命能量昇華，最後從頭頂向宇宙放出的瞬間即是解脫。釋迦牟尼的體驗卻有不同的主張。

大家都知道，佛教中提到很多身體的特徵，例如說在經典中，佛的耳朵是下垂的福耳，手的表面有水跡等等。而這水跡是為了救眾生的結果。此外，腳底有千輻輪的特殊紋路，額頭上則有白色的捲毛。這些佛的身體特徵稱之為「三十二相」。其中之一，是佛的頭頂上有肉蕾堆積的特徵，稱之為肉髻相。頭頂的肉像髻一樣突起。從佛像的正面並看不出來，看起來就好像很平常的結髮，梳了一個髻，肉的部份沒有突出表面。但事實上，卻是頭上隆起了一塊。在以往眾多的佛教經典中，並沒有任何說明箇中原因的文獻。大概是佛教內部也無法說明吧。而筆者卻認為，這可能是釋迦牟尼在佛教以前體驗瑜伽宗教的結果。也就是說，藉由冥想而上升的動物能量，最後由頭頂向宇宙釋放出去，因此而造成頭頂的血肉突起，最後造成了肉髻相的身體特徵。

另外一個是白毫相的問題。佛的前額附有白捲毛，會發出光明，是解救一切眾生的象徵。事實上，具有白毫相的前額，也是瑜伽冥想的靈性能量通過的地方。如果靈性能量滲出身體外部，應該也就是發出光明的樣子吧，而最後這種想像則演變成白毫相。按照上述的解釋，佛教經典中所描述的佛的身體特徵，其實就是由佛教以前的瑜伽冥想體驗而來，將瑜伽的想像具體肉身化的結果。如此一來，所有的特徵之謎就得以解釋了。

不管事實的真相如何，筆者認為，藉由瑜伽的冥想讓動物能量上升的做法，其實就是為了控制人類生命能量垂直上升的方法。

*瑜伽的冥想與呼吸法

接下來則要談到瑜伽的冥想，能夠刺激人類官能的部份，刺激人類激發性慾力量之後，再慢慢予以淨化。換句話說，也就是不拒絕任何審美性、官能性、快樂性的感覺，或相反的更加以刺激，加以活性化，進而轉換成宗教能量。瑜伽能夠發展出如此精妙的技術，將原始的能量轉化成具有靈性的力量，可以說是為人類留下了非常珍貴的功績。

但是相對於此，佛陀卻否定了瑜伽的冥想和坐法的功能。紀元前五、六世紀，釋迦牟尼修行時，是採取「結跏趺坐」的坐法。筆者為了將此和瑜伽的坐法坐一區分，特別稱之為「佛陀坐法」。這種坐法是將右腳整個放到左腳的腿上，而再把左腳也放右腿上。簡單的說，在瑜伽坐法中接觸到會陰部份的兩腳腳跟，都放到另一邊的腿上。筆者以為，佛陀認為不能靠刺激人類的官能感覺進入冥想的世界，所以才採取了這樣的作法。事實上，佛陀所主張的坐法會讓身體的能量下降。簡單的說，相對於瑜伽使能量上升的坐法，坐禪的冥想技術卻是使其下降，讓生命能量全部集中於下腹部，也就是臍下丹田的地方。

但是，打坐進入冥想狀態時，呼吸的問題也是非常重要的。而瑜伽的呼吸和採取結跏趺坐姿勢的禪宗呼吸法，各有異同之處。瑜伽的呼吸法非常激烈，有些就好像夏天的狗喘氣一樣，急促而短暫。有些則是採取長時間呼吸中斷的形式。雖然有時也有以丹田呼吸的情形，但是也僅止於呼吸法中的一小部份而已。因此，瑜伽的呼吸法是激烈而狂野的，和動物的呼吸有相似之處。

但是，「佛陀坐法」的呼吸卻完全不同。結跏趺坐的呼吸法則是主張以極短的時間吸氣，而盡量以長時間吐氣，也就是慢慢的吐氣，加強腹壓，把力量用在丹田之內。運用這種丹田呼吸法，身體的能量就會逐漸朝下方集中。「瑜伽坐法」是將生命能量朝上升的方向作用，而結跏趺坐的坐法一開始就否定了刺激官能的部份，同時還促使生命能量朝身體下方沈靜下去。雖然瑜伽和佛教都是以坐法來進行冥想，但是對於性慾及生命能量的觀念，卻是完全相反。佛陀的結跏趺坐，從一開始就否定了性衝動；而瑜伽的坐法卻是先接受再加以慢慢的淨化。

然而，在印度開發的這兩種坐法，又對日本的宗教產生了怎樣的影響呢？就結論上來說，同樣為佛教一派的密宗，就對瑜伽的坐法和冥想的方法採取寬容和積極接受的態度。而禪的世界中，也就是道元的禪宗則繼承了以結跏趺坐為基本的佛陀坐法。簡單的說，空海的冥想和瑜伽比較接近，而道元的冥想則和佛陀較為相似。但是，若說由於佛陀採取了結跏趺坐的坐法，所以佛教中便以此為唯一的奉行之道，倒也不盡然。筆者認為，佛教中密宗的傳統佔了非常大的部份，而在密宗世界當中，瑜伽的冥想法卻也和佛陀冥想法同樣的扮演了非常重要的角色。

三、密宗的宇宙觀與曼陀羅

＊曼陀羅中所描寫的打坐方法

而大量接受了瑜伽坐法的密宗又是抱持怎樣的宗教觀呢？正如眾所週知，印度在紀元前五世紀，就有釋迦牟尼開創了原始佛教。隨後到了紀元前後，則慢慢發展為大乘佛教。而大乘佛教又逐漸和傳統的印度教互相融合，採用了包含瑜伽的冥想法在內等印度教的各種儀式和信仰，進而演進至兩教共存的時代，其結果就產生了所謂的密宗。

七世紀到八世紀之間，《大日經》及《金剛經》等代表密宗的經典之作誕生了，隨即這些作品被翻譯成中文，再由到中國留學的空海高僧，傳回日本國內。也因此成立了日本的密宗。簡單的說，印度佛教的發展，最後演變至密宗的產生。在密宗當中，經常使用到曼陀羅一詞。本來是具有圓、壇、輪等意義的詞，現在則是指描繪佛或菩薩本尊肖像的意思。此外，除了佛菩薩之外，還將身份較低的神明或死後的靈魂、鬼怪等一起繪製而成的佛畫也可稱為曼陀羅。將曼陀羅掛在正面的牆壁上當作本尊，進入冥想的世界。而一旦進入冥想世界的修行者，便可選定一特定的菩薩作為自己的守護神，進行忠誠的膜拜。而鎮坐於自大曼陀羅圖中央的，便是大日如來。如來是宇宙的根本，以如來為中心，其他各菩薩則成同心圓的狀態分散位置。

而要在此順便一提的是，曼陀羅分做「金剛界曼陀羅」和「胎藏曼陀羅」兩種。所謂金剛界曼陀羅是將正方形的空間劃分為九等分，其中心為大日如來佛，然後再繪製其他菩薩的集合體。相對於此，胎藏曼陀羅雖然也是將大日如來佛放置於中央，而其他的菩薩卻是成同心圓狀態配置位子的。曼陀羅圖中不僅描繪了所有存在於宇宙之間的事物，同時也藉此表達出宇宙本身的型態。簡單的說，曼陀羅表達了如來佛存在於宇宙的中央，而其救濟能力則無遠弗屆、廣達四方的觀念。

但是，對前述的打坐問題而言，重要的則是胎藏曼陀羅。仔細觀察其中所描繪的菩薩姿勢，則很容易發現各菩薩的坐姿各不相同。而隨著其坐姿的不同，菩薩的定位也不相同。簡單的說，隨著菩薩坐姿的不同可以看出菩薩地位的高低，所以在曼陀羅中坐姿是區別地位的重要指標。

以大日如來為中心的各菩薩坐姿，就是前述的「佛陀（布達）坐法」，也就是結跏趺坐。而其餘在四周身分較低的菩薩，則是採取瑜伽的坐姿。最靠近外側，也就是離中心越遠的地方，則有單腳跪或盤腿坐的姿勢。到了低層次的守護神或侍者身分時，甚至還有跪坐的姿態。因此，藉由坐姿的不同，表達了各菩薩及神明的階層分別。

在整體的中心有採取結跏趺坐的如來。而四周則是瑜伽坐姿的眾菩薩。正如前述，密宗的體系中，原本同時採用了瑜伽及佛陀（布達）等兩種坐法。而在此特別值得注意的是，在佛教之中，密宗積極引進了瑜伽冥想的體驗和打坐的方法，也正企圖凸顯其階層位置的不同。

*真言密宗的宗教儀式

在日本的高野山所舉行的真言修行儀式和禪寺僧堂中的方法可謂是大不相同。而密宗的儀式可以說對人類感覺器官有相當的刺激作用。口中不斷念誦真言陀羅尼，手上則是結印、焚香。隨著裊裊的煙氣，參與儀式的人漸漸進入興奮的狀態。這就是所謂的加持祈禱儀式。

而在日本古典文學經典的《源氏物語》中，也曾出現真言僧進行加持祈禱的場面。故事主角的美男子「光源氏」雖然和「葵上」成婚了，但是「葵上」在生產時，卻因難產而飽受折磨。葵上在受盡痛苦之際，面容竟然完全改變了，周遭的人大吃一驚，紛紛議論是光源氏以前的舊情人「六條御息所」附身顯靈了。而光源氏自己再看妻子時，竟然也看到了六條御息所的臉。最後則請到比叡山的加持祈禱僧舉行「五壇御修法」儀式驅靈排邪。祈禱僧祭拜了不動明王等五尊的明王之後，焚燒護摩木香，朗誦真言，排除附身於「葵上」的生靈。然而非常有趣的是，在高僧所焚燒的護摩木香中，加入了罌粟子，希望能夠發揮罌粟本身的麻醉效果。而當時遠住在京都郊外的六條御息所，聽到自己的生靈去附身在光源氏妻子身上的傳言，感到非常的震驚和不屑。但是卻忽然驚覺到自己身上竟然染有罌粟子的味道，便感嘆高僧在焚燒護摩木香中加入罌粟子，更加強了法力，發揮了保護的功效，所以自己的衣服上才會染有罌粟的味道。結果，「葵上」在排除了附身的生靈之後，順利產下一子，就是後來的夕霧。

此外，密宗的儀式中，合掌祈願時，有非常多種的手勢，稱之為結印。所謂結印，有許多的形式，最簡單的合掌只是其中之一。除了佛像大多也是採取合掌的手勢，還有印度及東南亞的習慣，在遇到朋友打招呼時，也是合掌問好。相信各位在印度歷屆首相到日本訪問時，和日本的首相也都是合掌打招呼的。

不過，在幾年前，日本天主教會一反過去反對合掌的動作，准許信徒在教會進行禮拜時，合掌祈禱。正如眾所週知，天主教的祈禱儀式是在胸前畫十字後握手祈禱，而合掌並沒有獲得正式的承認。所以，幾年前日本的天主教會准許合掌的動作，可以說是非常大的改變。事實上，合掌本身並不只是一單一的動作或形式上的問題而已，其中包含了非常深遠的傳統宗教體驗。

佛教是在六世紀左右傳到日本的。而合掌的形式大概也是在當時跟隨著佛教一起傳入日本。但是，最近在群馬縣的觀音山古墳中，卻發現了合掌的陶俑。以往在日本全國各地出土的陶俑，從未發現過有合掌的形式，到底這個合掌的陶俑代表了何種意義，筆者則是認為受到了佛教的影響。根據考古學家的說法，觀音山古墳的年代大約是在五世紀末左右，若說當時佛教已經傳入日本也非常合理。所以，合掌的陶俑或許是反應佛教影響的產物。而且，合掌形式可以說是非常典型的印度產物，也算是結印手勢的一種。

此外，還有一種被稱之為法界定印的結印形式。釋迦牟尼佛在冥想之後，頓然開悟之際，是採取結跏趺坐的姿勢，而當時的手勢就是「法界定印」。也就是右掌向下、兩手的大拇指對合在一起。事實上，不管任何人，只要採取同樣的姿勢，都可以感覺到神閒氣定的心情。這個手勢稍做變化，則可擺出「彌陀定印」，也就是食指和大拇指合成一個圈。大家可以注意到，阿彌陀如來一定是手擺彌陀定印而坐。此外，只要注意到手勢的不同，就能夠分辨阿彌陀如來和釋迦如來的不同。手擺法界定印而坐的是釋迦如來。彌陀定印則是阿彌陀如來的標誌。

實際上，只要自己動手試一試，從法界定印的手勢轉變成彌陀定印，就能夠感受到自己的感覺慢慢地朝外部擴展，而內部的意識也多少有向外開放的趨勢。食指的些許動作就能夠改變意識和感覺。各位讀者也不妨試試。事實上，在佛像上也明確顯示了一點點動作就能產生微妙變化的結果。釋迦如來是開悟之佛，而阿彌陀如來則是救濟眾生之佛。所謂救濟，就是要幫助眾生的意思。而阿彌陀如來的手勢非常適合祂所做的事。所以，法界定印和彌陀定印的手勢差異，雖然只差一隻手指的位置而已，但是其宗教體驗的微妙差別，卻也表現出人類精神層次的不同。

＊表現思想的結印

然而，或許有讀者會感到疑問，為什麼佛教會重視到這些問題呢？事實上，這是起源於印度的戲劇。在佛教產生之前，印度已經出現了非常深奧且質量均優的藝術論述著作。其中談論到舞蹈的部份，則記錄了對於四肢的動作規則。這些規則非常詳細而精密。印度的舞蹈分有南方及北方等多種形式，其中最具特徵的便是眼睛、頭部、手腳等動作的特殊演出。日本的舞蹈講求的是全身均衡的擺動，注重身體整體的動作。但是印度的舞蹈卻不然，雖然印度的舞蹈也注重身體的平衡，最主要的特徵可以說是更加講究眼睛及頭部的動作，甚至誇張局部的手腳動作表現。

印度的舞蹈中，一隻手的動作就能夠表現出許多內容。不只限於固有名詞、普通名詞，甚至連形容詞、代名詞、定冠詞等，都能夠以手及手指的動作表現出來。簡單的說，只要雙手的十隻指頭，就能夠表現出所有的語言與內容。可以說是一種手勢的藝術。或許稱之為「手語」或「身體語言」會更為恰當。遠在佛教產生以前，印度就有這種借用手勢表示世界或思想的傳統，因此佛教採用了其精華，有了手勢結印的表達方式也不足為奇了。就如同佛教中也採取了瑜伽等身體語言的表達方式是互相關聯的。

所以，法界定印和彌陀定印之間的差別是非常微妙的，隨著其姿勢的不同，微妙的表現出人類意識的差距。這並不是單純的巧合，而是有極深的典故的。簡單的說，密宗在進行冥想時，先是口誦真言陀羅尼，然後再以手結印影響自己的意識。此外，再借焚香來刺激嗅覺感官。到了現在，我們可以理解在這樣的情境之下，非常容易產生幻覺或幻聽。但是在當時人們相信所看到的幻覺便是大日如來顯像。

＊冥想與感官

日本的中國留學僧空海對於密宗冥想所產生的幻覺感到非常有興趣。據他的文獻記載，空海常說「入我我入」。修行密宗的人，都是從曼陀羅中選出一位菩薩或佛祖，作為自己的守護神，然後進行冥想，以達到守護神與自己合為一體的境界。而這種人神合一的境界就是空海所說的「入我我入」。所謂「入我」，就是佛進入我的世界，而「我入」則就是我進入佛的境界。而只要結手印、誦真言陀羅尼進入冥想的狀態，眼前就會出現大日如來的身影。這位大日如來也稱為不動明王，可以說只是一種幻覺而已，或許還會聽到「神願助你」的聲音也說不定。總而言之，空海主張，當這種幻覺慢慢向自己接近，最後合為一體時，那一瞬間就是「即身成佛」，也就是所謂頓悟的一瞬間。

筆者以前曾拜訪過許多歐洲的修道院。從法國巴黎搭火車約兩個小時車程左右，有個叫做戴修的城市，再從當地搭一小時的巴士，就會到達一處深山中的修道院。筆者到當地拜訪時，曾經向該修道院的修士請教，天主教在冥想的時候，腦中是否會浮現耶穌基督或聖母瑪利亞的影像，而修士的回答也是肯定的。也就是說，天主教也會在腦中浮現出具體的影像，然後再慢慢進入祈禱祝福的狀態。因此，筆者認為天主教和密宗一樣，都是採取想像冥想法。

但是，日本卻有另一位禪宗高僧道元完全否定了這種想像冥想。道元主張的是「無的冥想」，也就是進入「空」的世界。但是筆者認為能夠達到道元所主張的境界的人，還是非常有限。禪宗冥想的境界可以說是非常深奧，一般的凡夫俗子應該比較能夠接受空海所主張的，密宗式想像的冥想方法吧。在最近的宗教熱潮當中，年輕一代對於宗教的關心，也大多是在密宗或占卜方面。基本上，年輕人所注重的是如何刺激人類感官以達到活性化的技巧，以及想藉由宗教接近唯美的事物，而這些方法不都和密宗的想像冥想法有所關聯嗎？

四、風土與宗教構造的關係

*高山症經驗的啟發

去年五月左右，筆者走訪了西藏。由於母校的東北大學派遣了一支登山隊，攀爬西藏首都拉薩附近一座七千公尺的高峰，同時進行學術調查，筆者非常有幸也能一同成行。學術調查隊計劃以兩個半月的時間，從中國進入西藏。然後翻越了喜馬拉雅山，到尼泊爾的加德滿都，筆者由於身體不適，隨後才自行飛抵西藏。雖然只在拉薩停留兩個星期左右，但是卻有許多有趣的經驗。筆者從成田機場搭飛機到北京，停留一晚後，於次日再飛到四川省成都。然後隔天再飛到標高三千六百公尺的拉薩。在抵達拉薩的第二天，馬上就得了高山症。雖然在行前已做了相當的準備，但是還是無法避免。

當時出現了微燒、食欲不振、頭痛、咳嗽及失眠等症狀，連續三、四天在床上輾轉無法成眠，腦中也就出現了許多影像。雖然以往在平地失眠的時侯，腦中也會出現許多想像，但是在高地的情況卻有所不同，腦中的影像除了比以往更加逼真之外，還有很多前所未見的奇異影像。剛開始筆者以為是自己胡思亂想的結果，但是其中還有很多有關性慾的想像，令人不可思議。過了三、四天之後，症狀開始稍有緩和，不久就能照常行動了。恢復正常之後，筆者突發奇想，開始覺得這樣的「經驗」或許和西藏的宗教有所關聯。

當然，筆者的想法並沒有獲得科學的證實，所以也不敢擅自斷言。但是，在西藏的佛教有的是由印度經尼泊爾傳入的，有部份則是從印達斯河上游的印度西北方傳入西藏的。而其主要的內容，則是以印度密宗為中心。觀察西藏密宗寺院中的曼陀羅或佛像、佛畫，常會感受到奇異的性慾意念。就西藏和印度的曼陀羅做一比較，西藏的曼陀羅比印度的更加充滿情色的感覺。在眾多的物品中，被稱之為「亞布尤牡像」的佛像可以說是最具性愛表徵的佛具了。「亞布尤牡像」本身就是表現男女合歡的姿態，也就是男神和女神互擁的姿勢。而為什麼在不同的時代中，持續不斷的製造出如此眾多的性感佛，其原因就不得而知了。

＊想像與風土的融合

在西藏佛教中，動物扮演著非常重要的角色。由於地處高山，所以也反應了西藏的牧獵文化。佛畫中經常出現熊、虎、獅子等動物，而其臉部都是千奇百怪的表情。有些局部特別肥大，感覺非常詭異，充滿了整個的畫面。其中，最廣為人知的是六道圖，描寫人死後的情形，地獄、惡鬼、畜生、修羅、人類、天上等六道輪迴的思想。六道圖中還描繪了老虎、獅子等動物，被拔毛剝皮後切成兩半，從喉嚨直切到下腹，中間的內臟則已被取了出來切成圓形，兩隻被剝皮的爪子直挺挺的伸在圖的下端，而上方則是動物的頭部。曼陀羅所描繪的六道世界，是在動物的腹部之內。除了以奇異而具有性愛表徵為主題的動物，不斷重複出現在曼陀羅之中，還有眾神尊憤怒的面容，也大量出現。當然，不管是在印度或日本的佛教中，都可以看到許多描寫不動明王憤怒姿態的肖像，但是，較其身形及姿態可怕的程度，只怕還是以西藏的為最。

不動明王的姿態，就是束髮、獨眼、口歪、露齒，此外還手持錫杖，臉色青黑。但是，值得一提的是，不動明王雖然形象可怕，卻具有嬰兒般豐盈的皮膚。在印度密宗的經典中有記載，不動明王的身形是畫在從停屍場屍體脫下來的衣服上。也就是說，不動明王是和死亡有著很深遠關係的尊像，原本屬於印度教原始神尊之一，是佛教後來才將祂納入其中。而不動明王只有表面的皮膚像嬰兒般豐盈，則代表了在憤怒的身形之下，還是具有慈悲之心。這或許是後來佛教所施與的解釋，簡單的說，不動明王同時代表了憤怒與慈悲的兩種意義。所以，日本從奈良時代到平安時代，最具有代表性的不動明王，都是根據這種樣式所製造雕刻的。

後來，不動明王的身形姿勢有了變化。天台第三代主持慈覺大師曾做出「黃不動明王」。雖然臉部表情依然憤怒可怕，但是身體方面卻有肌肉，不再像嬰兒般豐潤。這樣的作法雖然已經打破了印度的傳統，但是日本卻因此產生了屬於日本自己的不動明王。

再看看西藏的情形。拉薩的布達拉宮一直被稱之為是達賴喇嘛的宮殿。現存的布達拉宮雖然是建於十七世紀，但是卻是傳承於七、八世紀的古老傳統。世世代代的西藏達賴喇嘛都葬在布達拉宮之內。這座宮殿和日本的平城京或平安京相比，有許多類似之處。第一，兩者都是政治所在地。第二，兩者也都是舉行宗教儀式的神聖場所。而唯有將達賴喇嘛的遺體製成木乃伊，安置於宮內的斯得巴塔一點，是和日本的王城完全不同的。據說，現在仍有五尊左右的木乃伊保存於其中。

而布達拉宮的頂樓，風景最好的地方，就是達賴喇嘛的居室。現在，接見賓客、寢室及冥想之房，都還保存的非常良好。而在達賴喇嘛冥想的房間之中，則放置了男女合歡像。在應該是最神聖、最安靜的房間中，竟然放置了男女佛像互擁的合歡像。而且竟然還不只是在布達拉宮而已，筆者後來從拉薩搭吉普車，到大約五個小時車程之外的甘天寺去，在這座名寺的主持房中，也看到了合歡像。甘天寺在文化大革命時，受到極大的破壞，現在正在慢慢的修復當中，只有少數的僧侶住在寺內。

此外，在迴廊的牆壁上，則繪有與動物性交的女神壁畫。也就是獸姦圖。筆者看到房中的合歡像及獸姦壁畫，感到非常的震驚。雖然就佛教史的角度來說，密宗可謂是佛教墮落的型態，但是筆者認為，就此一理由還是很難解釋筆者所見的西藏佛教的現象。

先前曾經提到，在初到西藏時得到高山症失眠的情況。筆者以為，高地的環境非常容易刺激人類深層的意識。因此，有關奇異、情色或性慾的想像，或許正是人類的深層意識突然表露出來的結果。而最後以「宗教與性」的型態呈現在我們之前吧。

（國立歷史民俗博物館教授）

生死學叢書書目

揮別癌症的夢魘

羽生富士夫／著
何月華／譯

癌症是現代人健康的頭號殺手，您對癌症認識多少？癌症等於絕症嗎？不幸罹患癌症的話，要如何面對死神的挑戰？具有「上帝之手」美譽的日本名醫，以他個人的切身經驗，懇切地告訴大家，以知識對抗癌症的重要，以及許多與癌症有關的預防、醫療等方面正確的觀念，是重視保健與生命品質的現代人必看的著作。

無生死之道

盛永宗興／著
郭敏俊／譯

面對人生的生老病死，您作何感想？對於世間一切的生生死死、死死生生，感到迷惑不解嗎？請聽日本著名禪師盛永宗興娓娓道來，以生活化、深入淺出的例子，帶領我們參透生與死的迷霧，體會「一期一會」、「遊戲三昧」的生命哲學，活在每一刻當下，生死將不再是人生痛苦的代名詞。

凝視死亡之心

岸本英夫／著
闞正宗／譯

本書是日本已故宗教學者岸本英夫與癌症搏鬥十年的心路歷程。當獲知罹癌，並被宣判只剩半年壽命後，他除了接受必要的手術治療外，也開始思索生命的本質，並陸續寫下手術前後，他在死亡威脅下的心理調適和哲理思考，他也因此將肉體生命從半年延長為十年。這其中艱苦的奮鬥歷程，句句珠璣，斑斑血淚，值得品味。

美國人與自殺

赫華德・庫盧諾／著
孟汶靜／譯

本書從心理、文化的角度探討美國人的自殺行為，並以十分具有啟發性的方式，陳述出過去三百年來西方社會對自殺行為的探索過程。作者成功地綜合了西方各學派分歧的自殺行為理論，而發展出一套嶄新且具有說服力的論點，在心理與歷史學界贏得極高的評價，對研究早期華人移民的自殺行為亦有助益。

宗教的死亡藝術

肯內斯・克拉瑪／著
方蕙玲／譯

本書以比較性、宗教性的方法，探討世界主要民族與宗教關於死亡、死亡的過程以及來生等等課題所採取的態度與做法。讀者將可發現，書中所列舉的每一項宗教傳統，都在指導它的實行者，不僅在死亡前，同時就在死亡的片刻裡，就能技巧地掌握死亡。死亡可說是一門牽涉到肉體死亡與再生經驗的宗教性藝術。

禪僧與癌共生

鈴木出版編輯部／編
徐明達
黃國清／譯

一位因罹患癌症而被宣告只剩三年生命的禪僧，如何活在癌症的病魔下，如何掌握人世間的生死，將餘生投注在什麼地方？本書即是與已故荒金天倫老和尚（日本臨濟宗方廣寺第九代管長）交往過的人，藉他們的證言撰集而成的報導文學，將老和尚以三年餘生充實為精神上三十年的生命風采，再度活現於紙上。

生與死的雙重變奏

齊格蒙・包曼／著
陳　正　國／譯

意識到必朽（死亡）與對不朽的追求，深深影響著人類的生命策略。人類社會建制與文化面向的型塑過程中，更存在著「解構」必朽與不朽的辯證和互動關係。而在「現代」和「後現代」社會，這種「解構」又出現了有別於「前現代」的許多變奏。且看包曼教授如何透過集體潛意識的心理分析，從不同角度詮釋「死亡社會學」。在必朽與不朽之間，您將重新認識現代人的社會與文化。

透視死亡

大衛・韓汀／著
孟　汶　靜／譯

本書所探討的論點，主要有下列幾點：一、在什麼樣的情況下，個體才算死亡？二、末期病人有沒有權利決定自己的生與死？三、器官捐贈能不能得到社會大眾的認同，進而成為一件普遍的事？作者以平鋪直敘的方法，為每一個論點作了總整理，提供讀者許多實貴的資料與觀念，在臨終與死亡尊嚴等議題的探討上，能有進一步的認識。

看待死亡的心與佛教

田代俊孝／編
郭　敏　俊／譯

本書由八篇演講記錄構成，內容包括親人死亡的感受、個人的瀕死體驗、對死亡的心理準備、佛教的生死觀等，發表者有僧侶、主婦、文學家、醫師、佛教學者等不同人士，從各個角度探討死亡問題。正如主辦演講的日本「探討生死問題研究會」宗旨所示，如何在老、病、死的人生當中，正視死亡的事實，學習超越死亡的智慧，讓人生更加充實，是現代人的切身課題，值得大家一同來探討。

生命的終結

阿爾芬思・德根、早川一光、寺本松野／著
季羽倭文子、林雪婷／譯

在面對末期病患或臨終的人，甚至是自己生命的終結時，我們能做些什麼？該做些什麼？是本書所要探討的主題。四位作者分別從死亡準備教育、醫療與宗教、臨終看護等專業的角度，提供他們寶貴的經驗與意見，是關心此一議題的讀者最佳的參考。透過討論死亡，了解死亡，我們的生命必能更加美好。

從容自在老與死

日野原重明、早川一光、信樂峻麿、梯實圓／著
長安靜美／譯

隨著高齡化社會逐漸到來，種種老年心理與生活的調適、老年疾病的醫療、安寧照護等等問題，一一浮上檯面，這也是每個家庭和個人都要面對的問題。本書從接受老與死、佛教的老死觀、老年與疾病、末期照護等等角度，提出許多觀念與作法。藉由思考生命末期與老和死的種種課題，期望每一個人都能獲得一種從容自在的智慧與人生。

生與死的關照

村上陽一郎／著
何月華／譯

死永遠超越我們人類的「理解」，人類如果不能體認這個事實，醫療便會陷入「器官醫學」的窠臼之中。作者透過對現代醫療種種問題的根本探討，如醫療倫理、醫院內部感染、器官移植、安樂死、腦死、告知權、愛滋病等，重新思考生為何物？死為何物？什麼才是正確的醫療？觀念新穎，析理深刻，是您不可錯過的一部「現代醫療啟示錄」。

超自然經驗與靈魂不滅

卡爾・貝克／著
王靈康／譯

自古以來，人類對來生的想像便不曾中輟。「第六感生死戀」、「穿越陰陽界」等電影的風行，正反映現代人對轉世與投胎的濃厚興趣。但西方的唯物論和科學主義卻斥為迷信，到底孰是孰非？本書即在透過科學化的研究，深入探討死亡過程的異象與靈魂不滅的假設。顯像、附體、前世記憶、臨終體驗等現象是真是假？當生命結束後，人類某些「重要特質」會繼續存在嗎？本書有您想知道的答案。

超越死亡

霍華德・墨菲特／著
方蕙玲／譯

莎士比亞稱死亡為「未被發現的國土」，因為尚無人能像哥倫布發現新大陸一樣，在造訪該地之後回來向世人述說他的經歷。但自莎翁時代以降，有關這項古老秘密的研究工作，已有不一樣的風貌，本書即是其中的佼佼者。作者透過宗教、哲學、神秘主義以及經驗證明等比較觀點來檢視死亡，為我們揭開死後生命世界的奧秘。

生命的安寧

鈴木莊一等／著
徐雪蓉／譯

有別於一般病人，末期病人的醫療與照顧，需要我們投注更多的關懷與付出，才能幫助病人安寧地走完人生。本書六位作者分別站在醫療與宗教的角度，透過親身體驗，以「從初期護理看末期醫療與宗教」、「宗教對醫療之重要性」、「佛教福利與末期護理」、「日本療養院的宗教與醫療」為題，提出他們的看法，值得大家參考。

從癌症體驗的人生觀

田代俊孝／編
徐明達
黃國清／譯

當遭逢周圍親友身故，或曾經體驗死亡經驗時，對人生與事物的看法，將會有所改變，尤其有過癌症體驗的人更是如此。本書即是日本「探討生死問題研究會」以此為主題所收集的八篇演講實錄編輯而成。癌症雖可怕，卻也是生命的一大轉機。「向癌症學習」、「向死亡學習」，這樣的人生經驗，彌足珍貴。

心靈治療

佐佐木宏幹等／著
李玲瑜／譯

面對生死問題，人類的反應模式和其自身的「世界觀」有著密不可分的關係。自古以來，民俗宗教在醫療上所佔的地位，更是舉足經重。但在宗教與醫療各自分工的現代社會，這種現象是否依然存在？民俗宗教與現代醫療如何相輔相成？信仰與精神醫學有何互動關係？新興宗教在日本社會又扮演何種角色？這些在本書中都有深入而廣泛的探討。

死而後生

田代俊孝／編
吳村山／譯

為了充實自我的人生，也為了能與面臨死亡的人同其感受，一起超越死亡的痛苦，深入探討死與生，不是很重要嗎？秉持這個宗旨，日本「探討生死問題研究會」定期舉辦研討會，並將演講內容彙集刊行，本書即其成果之一。正視死亡，才能讓生命更加充實。由生而死，從死看生，正有待我們認真玩味思索。

生命的抉擇

藤井正雄等／著
陳玉華
李金玲／譯

器官移植牽涉的層面極廣，它與人們的生死觀、民俗宗教信仰和對遺體的看法都有密切的關係。而不管從宗教、醫療或法律的角度去探討，贊成與反對雙方皆持之有故，不易取得共識。這種情形在日本尤為明顯。本書即是日本「醫療與宗教協會」就此議題所收的四篇專論。對於此一攸關生命的抉擇，您有何看法？本書提供您許多思考方向。